한국인의 효

IV 따로 사는 자녀와 실천

한국인의 효

IV 따로 사는 자녀와 실천

● **성규탁** 지음

이담 Books

Filial Piety of Koreans IV

Distance Living and Elder Care

Ideal-Practice-Welfare

Kyu-taik Sung, Ph.D

Korean Studies Information Company, Ltd.

Republic of Korea

[이념 - 실천 - 복지]

고령자들과 연소자들이

서로 존중하며

인간애에 찬 호혜적 관계를

발전시켜 나가기를

갈망하면서

이 책을 펴낸다.

[머리말]

오늘날 우리 사회에서 일어나고 있는 커다란 시대적 변화의 하나는 많은 가정의 부모와 자녀가 서로 떨어져 살고 있는 현상이다. 자녀와 떨어져 시골에 홀로 남아 있는 병약한 노인을 부양하는 문제는 이제 가족의 권역을 벗어나 사회적 문제로 등장하였다.

세대 간의 별거 현상은, 특히 부모를 부양해야 할 성인자녀에게 심각한 문제가 되고 있으며 거리로 인해 생기는 노부모부양 문제는 좀처럼 가시지를 않고 있다. 오히려 떨어져 사는 가족의 수는 해마다 늘어나고 있으며 그 문제의 심각성 또한 커지고 있다.

이 책에서는 이 사회적 과제에 대한 고찰을 하면서 떨어져 사는 자녀가 부모를 부양하는 데 있어 참고할 수 있는 일련의 사항들을 정리해서 제시하였다. 아울러 효를 바탕으로 하는 우리의 문화적 맥락에서 자녀가 부모를 부양하는 데 있어 지켜야 할 도리와 시대적 변화에 맞는 관행에 대해서 이 제4권에서 논의하였다. 즉 "따로 사는 자녀와 실천"이란 제목으로 비교적 다양한 주제들에 걸쳐 논의하였다.

　부모와 떨어져 사는 자녀나 동거하는 자녀나 부모에 대한 존경심, 부모의 은혜를 갚으려는 심정, 부모에 대한 책임감과 애정 등의 효의 기본이념을 표현하는 데 있어서는 다 같다고 할 수 있다.

　떨어져 사는 자녀가 부모에게 효도하는 방식, 부모와의 물리적 거리를 극복하기 위한 노력, 지역사회에서 구할 수 있는 자원의 활용 등 실제로 적용할 수 있는 방법들을 들어 논의했다. 즉 떨어져 살면서 효도를 하는 구체적 방법에 대해서 살펴보았다.

　제1장에서는 가족이 변하는 소용돌이 속에서 노부모를 부양하는 자녀의 도의적 자세와 효에 뿌리를 둔 우리의 문화적 전통에 대해서 논하고, 제2장에서는 떨어져 사는 자녀가 효를 실천하는 방식에 대한 실례를 소개하고, 제3장에서는 떨어져 사는 부모를 보살피는 데 있어 외면적이고 물질적인 방법만을 중요시할 것이 아니라 마음속에서 우러나는 애정, 존경, 책임 등 내면적인 차원도 중요시해야 함을 논의하고, 제4장에서는 한국인의 가족주의적 성향과 효에 대한 경험적 연구에서 얻은 자료를 다시 한 번 조명을 해 보고, 제5장에서는 떨어져 사는 부모와 자녀 사이에 진행되는 상호부조적 커뮤니케이션에 대해서, 제6장에서는 부모와의 거리를 극복하기 위한 수단 – 전화, 방문, 편지 및 무선통신 등 – 을 활용하는 방법과 이 수단들의 장단점에 대해서, 제7장에서는 고령의 부모가 위급한 상태에 처해 있을 때 자녀가 이에 대응하는 방안에 대해서, 제8장에서는 떨어져 사는 자녀가 부모님을 존경하는 방법에 관하여, 제9장에서는 부모부양을 위해 지역사회의 각종 자원을 입수하는 데 관해서, 제10장에서는 떨어져 사는 부모를 위한 사회적 지원에 관

해서 각각 논의하였다.

시대가 변하지만 효의 기본 이념에는 변함이 없고 다만 효의 이념과 가치를 표현하는 방식에 있어 변화가 일어나고 있다. 사회변화에 적응해서 생활 방식을 달리하고 있으며 이에 따라 부모를 부양하는 방식도 수정해 나가고 있는 것이다.

효의 이념에 준거해서 효의 표현을 수정하여도 부모에 대한 도리가 어긋나지 않는다는 점을 젊은 세대에 알려 주어야 하겠다. 그러하기 위해서는 기성세대가 새 시대의 효의 표현에 대해 과학적 연구를 해 나가며 젊은 세대가 실행할 수 있는 효의 구체적 표현방식을 식별해 내어 이들에게 제시해 주어야 한다.

우리의 문화적 유산인 효를 과연 젊은 세대가 계승해서 다음 세대로 전해 줄 수 있을까? 이 문제는 기성세대가 어느 정도로 새 세대에게 새로운 생활양식에 맞는 효를 연구해서 알려 주고, 이를 실천하도록 지원하며, 이러한 노력에 투자를 하느냐에 달려 있다고 본다.

이 제4권도 이러한 사회적 과제를 풀어 나가는 데 조금이라도 도움이 되기를 바라면서 엮은 것이다.

2010년 정초
효문화연구소
Elder – Respect, Inc.
성 규 탁

[목차]

1장

가족의 변화와 부모부양

| 떨어져 사는 자녀와 부모와의
교환

우리는 가족을 중심으로 부모와 자녀가 서로 보살피고 지원하는 상호부조적 관계 – 호혜적 관계 – 를 오랜 세대에 걸쳐 유지해 왔다. 그런데 우리 사회가 급속히 산업화되고 도시화하는 과정에서 가족은 크게 변하고 있다.

가족의 크기가 현저히 줄어들었고 가정 바깥의 직장에서 일하는 여성의 수가 증가하며 상당수의 젊은 사람들이 도시로 이주하고 있다. 한편 사람들의 평균수명이 길어지고 고령자의 인구학적 비율이 높아지는데, 출생률은 낮아지고 있어 젊은 세대가 부양해야 할 고령자의 수는 증가하는 추세이다.

특히 노부모와 떨어져 사는 성인자녀의 수가 계속 늘고 있는 사실은 우리 사회의 매우 중요한 사회적 문제로 대두되고 있다.

다수의 성인자녀들이 직장과 새로운 기회를 찾아 고령의 노부모를 시골에 남겨 두고 타지방으로 이동하고 있다. 어떤 부모들은 자기들의 사생활과 편의 그리고 자녀와의 갈등을 피하기 위해서 자녀와 떨어져 살기도 한다.

사실 우리나라 전체가 지난 수십 년 동안 심한 인구이동을 경험하였다. 이 지리적 이동은 핵가족화를 촉진하고 노부모와 떨어져 사는 자녀들의 수를 증가시키는 주요인이 되었다. 결과적으로 혼자 사는 노인이나 배우자와 단 둘만 사는 노인의 수가 급증하였다. 그리하여 오늘날 많은 농촌마을에는 주로 고령자들만이 살고 있는 실정이다.

이러한 변동은 한국의 가족원들이 지리적 거리를 두고 서로 떨어져 살고 있음을 알려 주고 있다.

앞으로 출산율이 계속 저하되어 자녀수가 적어지면 노부모가 자녀와 동거하는 사례는 더욱 줄어들 것이다. 그리고 노후에 경제적 여유를 가지는 노인들이 많아질수록 노부부가 단독으로 사는 사례가 많아질 것으로 본다.

산업화 및 도시화 현상과 연계된 위와 같은 사회인구학적 변동은 앞으로 계속될 것으로 본다.

이런 변동은 특히 노령의 부모와 떨어져 사는 성인자녀들이 부모에게 보살핌과 지원을 하기가 어렵게 만들고 있다. 게다가 성인 자녀와 떨어져 홀로 또는 노부부단독으로 사는 노인들은 가족 외부의 의료 및 사회복지 서비스를 더 많이 필요로 하는 경향이다. 그리하여 우리의 가족들이 부모를 부양하는 능력이 일반적으로 저하되고 있다는 우려의 소리가 높아지고 있다.

가족들의 지원능력이 약화되는 것을 막기 위해 가족 스스로 노인과 장애인을 도와 나갈 것을 권장하는 동시에 정부주도의 사회복지제도를 발전시켜 가족을 지원해야 한다고 전문가들은 지적하고 있다.

이렇게 하여 떨어져 사는 가족들을 포함한 모든 가족들의 노부모와 다른 의존적인 가족을 부양할 능력을 강화하는 과제에 대해서 정책수립자들, 노년학자들 및 사회복지전문인들 사이에 논의가 계속되고 있다.

오늘날 가족이 노부모를 부양하는 형태를 크게 두 가지로 나누어 볼 수 있다.

하나는 노인과 떨어져 살면서 부양하는 형태이며 다른 하나는 노인과 동거하면서 부양하는 형태이다. 전자는 산업화가 가져다주는 별거형태라고 볼 수 있고, 후자는 전통문화에 뿌리를 둔 동거형태이다.

어느 형태를 보면 가족은 여전히 가족원들을 위한 주된 부양의 원천이 되고 있다. 가족원들이라 함은 단위가구 내에서 노인과 동거 또는 분산되어 있는 복수 가구에서 사는 노인의 배우자, 결혼한 아들과 며느리, 결혼한 딸, 미혼 자녀들을 말한다.

이들 가족원들 중에서 성인자녀는 노부모를 부양하는 데 있어 주도적 역할을 한다. 자녀가 장남인가 차남인가에 따라 부양의무를 부담하는 데 차이가 있는 것으로 알려져 있으나 근래에는 자녀가 하나 이상이 될 경우에는 부양역할을 분담하는 경향이다.

자녀들과 떨어져 사는 노부모는 일반적으로 자녀로부터 필요한 도움을 때에 맞게 충분히 받지 못한다고 걱정한다. 사실 떨어져 살면 부모·자녀 사이의 접촉, 상호 교환, 상호 지원이 줄어들 가능성이 크다. 그리고 자녀와 멀리 떨어져 사는 노인들은 경제적·의료적·사회적 및 심리적 문제들을 해소하는 데 어려움을 겪는 경우가 많다.

그러나 우리나라의 대다수 성인자녀들은 부모와 떨어져 살면서도 자녀로서의 책임을 수행하고 있다. 물론 별거 생활로 인하여 보살핌과 지원을 충분히 못하는 경우가 있기는 하지만 대다수의 성인자녀들은 거리로 인한 불편을 극복하면서 지원하고 있다(유광수, 박현선, 2003; 이형실, 1999). 우리의 문화적 맥락에서는 아직도 장남들과 맏며느리들의 대다수가 노부모를 보살피는 데 주도적 역할을 하고 있다(유성호, 모선희, 김형수, 윤경아, 2000: 266 – 267; 한국노인의 삶, 1999).

비록 거리상으로 떨어져 살지만 자녀들은 방문, 전화, 편지, 재정지원, 선물을 통해서 정서적 보살핌과 수단적 지원을 부모에게 제공한다. 우리나라의 국토가 비교적 작기 때문에 미국과 같은 넓은 나라에 비해 떨어진 가족들이 서로 접촉하는 데 편리한 점이 있기는 하다. 대다수의 분산된 가족원들 – 주로 장남 내외와 그들의 형제자매들 – 은 합심협력해서 각자의 마음과 자원을 함께 모아 발전된 교통 및 통신수단을 이용하여 떨어져 사는 노부모에게 효도를 하고 있다.

| 전통의 지속과 표현의 변화

효도를 한다 함은 부모를 존경하고 부모에 대한 애정을 갖고 자녀의 책임을 수행하고 부모로부터 받은 은혜를 갚고 부모를 중심으로 가족의 화합을 도모하는 것을 말한다.

효를 하는 행동들 중에서도 부모에 대한 존경이 가장 강조되고 있다. 존경은 부모를 보살피고 지원하는 뜻을 내포한다.

일반적으로 한국인을 포함한 동아시아 사람들 - 중국인, 일본인, 월남인 등 - 은 고령자에 대한 존경을 자동적으로 표현하면서 서양인들보다도 고령자를 더 잘 대우하는 성향을 가지고 있다.

사회주의 체제하의 중국에서는 근년에 중앙정부 지시하에서 효를 재조명하고 효의 가치를 가족복지를 강화하는 원동력으로 정립하였다. 그리하여 고령자를 존경하고 지원하는 중국의 문화적 전통을 복원하는 운동이 전국적으로 전개되고 있다(王文亮, 2001; Du, 2009). 이러한 국가사회적 노력의 일환으로서 유수한 중국대학들 내에 효연구소를 설립하여 효의 이념과 실천에 관한 연구를 활성화하고 있다.

일본에서는 효에 대한 일반인의 관념이 제2차 대전 후 새 헌법의 제정에 따른 가족구조의 변화와 병행해서 희박해지고 있는 것이 사실이다. 그러나 부모와 어른을 존경하는 가치와 관습은 일본 사회 구조 속 깊숙이 뿌리 박혀 있다(Palmore & Maeda, 1985; Koyano, 1996). 그러나 일본인들은 효의 이념 그 자체를 가족의 크기가 작아지고 지리적으로 이동하고 있음에도 불고하고 변합없이 가직하고 있다(Hashimoto, 2004). 즉 일본인들의 부모와 자녀와의 관계, 젊은 세대와 어른 세대와의 관계, 선배와 후배와의 관계 그리고 특히 조상을 숭배하는 관습을 볼 때 어른을 존경하는 가치관과 행동이 그들 사회의 기본적인 가치로 뿌리내려 있음을 알 수 있다.

한국에서도 일본과 중국의 경우와 마찬가지로 어릴 때부터 부모님, 선생님, 고령자에게 정중히 예의 바르게 행동할 것을 가정과 학교에서 가르치고 있다.

이런 점을 보아 동아시아 사람들의 부모·자녀 관계를 중심으로 어른을 존중하는 공통적인 문화적 전통이 존속하고 있음을 알 수 있다. 과거보다는 강하지 않지만 이 동아시아의 독특한 문화적 전통은 여전히 가정에서의 사회화와 학교에서의 교육을 통해서 지속되고 있는 것이다.

여기에서 다시 지적해 둘 점은 효의 중심적인 차원인 '존경'은 '보살핌'과 '지원'을 내포하고 있다는 사실이다. 따라서 고령자를 존경한다 함은 바로 그 분들을 보살피고 지원한다는 뜻이 들어 있는 것이다(어른 존경에 대해서는 『한국인의 효』 제3권에서 심층적으로 논의했다).

근년에 전국적으로 고령자존경과 관련된 전통적 가치를 고양하기 위하여 정부 및 민간이 합동해서 여러 가지 사업들을 하고 있다. 고령자 존경을 위한 사회운동, 각종 사회서비스와 보건의료서비스의 제공, 노인의 날과 노인존경 주간의 실시, 노인복지법과 노인부양책임법의 제정, 장기요양보험제도의 설정, 효행상 제도 운영 등이 그 예이다.

효행상의 경우 정부의 보건복지가족부와 민간기업 삼성이 설립한 삼성복지재단과 현대의 아산사회복지재단이 각각 전국적인 규모로 매년 효행상을 시상해 오고 있다. 모범적으로 효행을 하여 효행상을 받은 사람들에 관해서 텔레비전, 신문 등 공중매체를 통하여 뉴스, 기록보도, 연극, 문학작품의 형태로 보도하고 있다. 이 사회적 노력은 전통적 노인부양 이념인 효를 강조, 실천하려는 우리 사회의 의욕과 집념을 반영하는 것이라고 본다.

이러한 사회적 노력은 우리나라에서뿐만 아니라 정도와 명칭의 차이는 있지만 비슷한 형태로 남쪽의 싱가포르를 비롯하여 북쪽의 중국에 이르는 거의 모든 동아시아 나라들에서도 행해지고 있다.

그러나 효를 표현하는 방법은 변하고 있다. 세대 간의 관계는 애정을 바탕으로 이루어지는 사례가 많아졌으며 젊은 세대는 상호교환적인 바탕에서 어른을 지원하려는 경향이 있다. 이러한 경향은 곧 세대 사이의 지원관계가 권위주의적이고 가부장적인 형태로부터 동등하고 상호적인 형태로 변하고 있음을 나타내는 것으로 본다.

이런 변동에도 불구하고 효는 여전히 한국, 중국, 일본, 대만, 베트남, 싱가포르를 포함하는 동아시아 나라들의 부모·자녀 관계의 도덕성과 젊은 사람들의 예의범절을 판단하는 문화적 가치로 남아 있다.

| 사회복지 서비스의 개발

그렇지만 현실적으로 다수의 떨어져 사는 자녀는 원거리에 사는 고령의 부모를 부양하는 데 어려움을 겪고 있다. 이들은 현대적 사회복지 서비스를 필요로 하고 있다. 가족의 힘이 부족할 경우에는 정부와 사회가 이러한 서비스를 제공해 주어야 한다.

우리 정부의 사회복지 정책의 기본 원칙은 가족이 스스로 가족원들을 지원할 수 있게 하는 데 있다. 즉 가족이 자체의 기능을 강화하여 스스로 가족원들을 도와 나가도록 하려는 것이다. 가족에게 복지의 책임을 떠맡기는 현상이라고도 할 수 있다. 이러한 정책으로 인하여 정부가 주도하는 복지서비스는 눈부신 경제발전에 비하여 그 발전의 속도가 느린 편이다.

앞으로 정부는 저소득 가족들과 떨어져 사는 노인들을 위하여 공공 복지서비스를 전면적으로 확장하는 데 힘써야 하겠다.

그러나 정부가 그동안 노인을 위해 조직적인 노력을 해 온 것 또한 사실이다. 가족의 자체지원능력 증대를 위한 지원, 빈곤한 가족에 대한 지원, 노인과 장애인을 위한 장기요양 서비스, 노령수당 등이 제공되고 노인부양책임법, 장기요양보험법 등이 제정되고 연금, 국민의료 보험, 세금 면제 등이 이루어지고 저소득노인생활비, 노인을 부양하는 가족에 주택구입의 우선권과 융자를 제공하고 민간 운영 노인요양원과 치매환자요양원, 노인병원 및 노인복지관을 증설하고, 직장알선, 재택보호, 시설보호, 평생교육 등이 제공되고 여가 프로그램과 노인 휴양센터가 개발되고 있다.

한편 노인들의 권익을 보호하는 전국적인 조직을 갖는 대한 노인회와 비영리단체들은 노인들에게 혜택이 되는 정책과 법을 통과시키고 서비스프로그램을 개발하기 위한 자금을 확보하기 위해 활동을 해 나오고 있다.

그러나 정부의 힘만을 가지고는 오늘날의 핵가족과 떨어져 사는 가족들의 증대하는 사회복지 욕구를 충족하기 어렵다. 정부의 노력과 병행해서 가족이 비공식적 부양을 제공하는 기능을 하도록 지원해 나갈 필요가 있다. 주간보호서비스, 거택보호서비스, 예방 및 치료적 의료서비스, 사회서비스, 부양자를 위한 상담 및 교육 등을 필요로 하는 가족들이 늘어나고 있는 실정이다. 떨어져 사는 가족들이 장기간 지속적으로 부모부양을 할 수 있도록 하려면 이러한 서비스들을 제공해 주어야 한다.

| 논 의

한국은 서양의 여러 나라들에 비해서 세대 간의 관계가 공고하고 가족원들이 서로를 지원하고 국토가 작아서 비교적 쉽게 접촉할 수 있고 가족주의적 성향을 가져 가족의 안정성을 유지할 수 있는 등의 노인을 부양하는 데 유리한 조건들을 갖추고 있다. 이러한 이점을 가지고 한국인은 산업화와 도시화 과정에서 떨어져 살면서도 계속 효를 실천하려 노력해 나가고 있다.

앞으로 두 가지로 노인지원을 해 나가는 방향을 잡아야 할 것으로 본다. 하나는 전통적 효의 가치관을 바탕으로 가족중심의 비공식적 지원을 계속해 나가는 것이고, 또 하나의 방향은 현대적 사회복지이념에 입각해서 정부와 민간의 공익/비영리단체가 지원하는 공적 사회복지 및 의료 서비스를 계속 개발해서 고령자를 포함하는 모든 사람들에게 제공하는 것이다. 노인을 부양하기 위해서 가족 자체의 노력과 국가의 노력이 병행해서 통합적으로 진행되어 나가는 것이다. 그런데 가족의 자체지원을 위한 이념적 바탕은 곧 효이다.

앞서 지적했듯이 떨어져 사는 현상은 앞으로 계속될 것으로 본다. 왜냐하면 직장을 찾고 학업을 계속하고 새로운 기회를 찾는 젊은 사람들의 이동은 계속될 것이고 경제적 또는 개인적 이유로 인해 성인자녀와 따로 사는 노인의 수는 늘어날 것이기 때문이다.

우리는 위에서 논한 가족 주변의 시대적 변동에 적응하면서 떨어져 사는 부모에 대한 효를 실천하는 방안을 연구, 개발해 나가야 하겠다.

2장

떨어져 사는 자녀와 효

문제

부모와 자녀가 떨어져 사는 것은 서로 의존하면서 밀접한 가족관계를 유지해 온 한국인들에게는 매우 어려운 문제이다. 서로 떨어져서 독립해 살면 상대방의 간섭을 받지 않고 개인적으로 원하는 생활양식을 택해서 자유로이 살 수는 있을지는 모르나 별거로 인해 자녀와 고령의 부모가 가지게 되는 정서적 및 경제적 어려움은 매우 심각할 수 있다.

부모와 자녀가 떨어져 살기 때문에 가족원들을 위한 보살핌, 보호, 지원이 제대로 되지 않는 경우가 본의 아니게 흔히 생기기 때문이다.

오늘날 산업사회에서 빈번히 있는 지리적 이동과 이에 따른 가족원들의 별거생활이 사회적 및 경제적으로 불가피한 생활방식이 되고 있기는 하나 고령의 부모를 섬기는 다수의 성인자녀들은 이러한 생활방식에서 생기는 문제들에 대비를 제대로 못하는 실정이다.

멀리 떨어져 사는 고령의 부모와의 관계에 대해서 자녀는 긍정적이지도 못하고 부정적이지 않은 애매한 심정과 태도를 가지는 경우가 많다. 지리적으로 떨어져 사는 자녀와 부모는 가족원들과 낯익은 이웃으로부터 격리될 뿐만 아니라 세대 간의 생활스타일의 차이, 제정형편의 차이, 교육정도의 차이 또는 정치적 견해의 차이 때문에 서로의 관계가 애매해질 수 있다.

떨어져 사는 자녀들도 부모와 별거하는 데 대해 만족하지 않는 이들이 대부분이다. 대다수 자녀는 부모와 언젠가는 같이 또는 가까이 살게 되기를 바라고 있다.

한편 별거생활에 잘 적응하는 자녀들은 부모와 떨어져 사는 것은 직업과 교육 때문에 피할 수 없는 거주형태라고 받아들인다. 이들은 떨어져 살면서도 부모와 친밀하게 접촉하고 대화를 계속하며 애정을 나눈다(유광수, 박현신, 2003; 한국노인의 삶, 1999). 그러나 이들도 생활의 변동이 있을 때나 어떤 어려운 문제가 생기면 부모와 가까이 있으면서 부모와 상의를 하고 의견을 교환하며 서로 격정해 나가지 못하는 것을 유감스럽게 생각한다. 그러나 부모와 원래부터 거리가 있는 자녀는 떨어져 사는 데 만족하면서 풀리지 않은 부모와의 갈등을 안고 살아간다.

흔히 문제가 되는 것은 지리적으로 격리되어 있어 자연히 자주 만나기 힘들고 대화와 의견교환을 깊이 있게 하기가 어렵다는 점이다.

일상적인 전화를 통한 대화에서 흔히 대화 내용이 상대방에게 잘 전달되지 않아 오해를 사거나 갈등을 자아낼 수 있다. 이렇게 되어 서로 간의 오해가 깊어지고 애정을 나누지 못하여 부모와 자녀 사이에 감정적 문제가 지속될 수 있다. 대화를 해 나가면서도 떨어져 사는 부모의 건강 문제라든지 생활조건 개선 등을 소원대로 해결해 드릴 수가 없는 경우가 생기면 자녀는 어려운 입장에 빠지게 된다.

건강이 악화되면 부모는 자연스럽게 자녀와 지원자의 도움이 필요하고 이들에게 의존하게 된다. 이럴 때 떨어져 사는 자녀는 거리 때문에 속히 적절하게 지원하지 못하므로 걱정하고, 역할 갈등을 가지며 이러지도 저러지도 못하는 난처한 처지에 빠진다.

사실 많은 떨어져 사는 가족원들이 질병을 앓고 있는 노부모에게 직접적인 간호의 손길을 제공하지 못하는 어려운 입장에 놓여 있다.

이와 같이 별거하는 자녀는 흔히 이런 곤란한 문제에 부딪치는데, 오늘날 우리 사회에서는 이들의 문제를 심각한 사회문제로 보지 않는 경향이다.

| 부모와의 대화

떨어져 사는 자녀는 부모에게 최근에 일어난 자기 가족원들의 일들, 신상의 변동, 직장에서 일어난 일들에 대해서 알려 드려야 한다. 그럼으로써 부모는 자나 깨나 걱정하는 자녀의 생활사정을 알게 되고 그분들의 별거생활에 더 잘 적응할 수 있게 되는 것이다.

그런데 떨어져 살면 무엇보다도 서로 사이의 의사소통 또는 커뮤니케이션이 자연 어려워진다. 그러나 이 문제는 개설할 수가 있다. 대화를 하는 기법을 알아 두고 이를 활용함으로써 상당한 정도로 해결할 수가 있는 것이다.

제일 많이 사용하는 전화로 대화하는 데 있어 적절한 대화기법을 활용할 수 있다(전화를 통해 고령의 부모와 대화하는 방법에 대해서는 제6장에서 자세히 논의한다).

전화로는 상대방의 모습을 볼 수 없고 음성만을 듣고 대화하게 되어 상대의 이야기 내용을 충분히 파악하기가 어려운 경우가 흔히 있다. 이런 어려움이 있기는 하나 풀어 나갈 수가 있다.

노부모와 대화하는 데 있어서는 무엇보다도 참을성과 인내심을 가져야 한다. 부모님의 이야기를 조심스럽게 경청해 나가면서 때에 따라 적절한 질문을 하고 자신의 이야기도 분명히 해야 한다. 자신의 감정이나 느낌보다는 사실과 실제 일어난 일에 대해 이야기하는 것이 좋다.

부모님의 이야기를 적극적으로 경청하면서 때에 맞게 그 이야기를 잘 알았다고 알려 주고 적절히 반응하면서 대화 속에 깊이 들어가야 한다. 개인적 판단은 될 수 있는 대로 삼가는 것이 좋다.

다음으로 흔히 있는 문제는 자녀 측이 부모(고령자들)에 대해서 아집이 세고 변화를 하지 않고 경직되고 남의 이야기를 듣지 않는다고 믿는 경우이다. 이런 생각은 고령자에 대한 편견과 오해에 기초한 것이다. 이 태도는 고령자와 좋은 관계를 유지하는 데 장애가 된다. 그런 편견과 오해를 버리고 인내심을 가지고 서로의 입장을 이해하면서 오해와 갈등이 있다면 이를 해소해 나가야 한다.

요는 부모와의 관계를 이해하면서 개선하는 노력이 필요한 것이다. 노력을 하면 상당한 정도로 개선할 수 있다.

무엇보다도 자녀는 부모의 안녕과 복리에 대한 책임이 있다는 인식을 가지고 그분들과의 관계를 지속해야 할 것이다.

자녀가 고령의 부모와 떨어져 사는 것은 개인적이고 사적인 문제에 한하는 것이 아니라 이는 오늘날 우리 사회의 커다란 문제로 등장한 것이다.

떨어져 살면서 생기는 문제를 개인적인 책임으로만 볼 것이 아니라 커다란 사회적 및 경제적 맥락에서 봄으로써 이에 대한 보다 넓은 시각을 가질 필요가 있다.

우리는 격리생활에서 생기는 어려움과 장애요인을 가려낼 수 있다. 이런 문제들이 발생하는 원인에 대해 이해함으로써 해결을 위한 실마리를 찾아낼 수 있을 것이다.

가장 어려운 문제는 떨어져 살면서 효를 실천하기가 쉽지가 않다는 사실이다. 구체적으로 고령의 부모를 직접 얼굴을 맞대고 손끝으로 보살피면서 복리를 증진시켜 드리기가 어렵기 때문이다.

우리 사회는 위와 같은 문제에 대해서 공개적으로 논의하고 이 문제는 사회 전체의 공동적 문제라는 의식에서 더 많은 관심을 기울이며 이의 개선방법을 연구해 나갈 필요가 있다.

| 별거와 부모·자녀와의 관계

다수의 성인자녀는 오랫동안 뿌리를 내린 고장을 떠나 노부모를 비롯한 친척들과 멀리 떨어져 산다. 어떤 가족은 노부모를 남겨 두고 온 형제자매들이 전국으로 분산되어 살고 있다. 별거하는 기간도 점점 길어지고 있다. 다수 가족에게는 떨어져 사는 것이 생활화되고 있다. 경우에 따라서는 평생 동안 외지에서 부모와 떨어져 살게 된다.

별거하면 자연적으로 서로 간의 접촉이 적어지고 친근감과 애정을 나누는 시간이 줄어들며 서로 얼굴을 마주 대면서 보살피고 지원하는 기회를 가지기가 어렵다.

따라서 별거는 일반적으로 효를 실천하는 데 장애요인이 될 수 있다. 멀리 떨어져 사는 자녀가 시골에 남아 있는 노부모의 단 하나의 또는 주된 부양자인 경우가 많다.

부모를 모셔야 할 자녀가 떨어져 살면 부모는 물론 그들의 가족원들도 많은 어려움을 겪을 수 있다. 이 어려움을 극복하기 위해 몸부림치는 모습이 흔히 나타나지만 아직도 우리 사회는 이런 심각한 어려움에 제대로 대처하지 못하고 있다.

그런데 부모와 자녀가 떨어져 산다고 해서 서로 지원하는 관계가 반드시 달라지는 것은 아니다. 지리적 거리의 크기에 상관없이 부모와 자녀가 서로 노력하면 본래의 상호부조 관계를 유지해 나갈 수 있다. 부모·자녀 사이의 친밀성, 애정, 의무감은 거리의 길고 짧음에 상관없이 지속될 수 있기 때문이다.

거리는 접촉의 빈도를 줄이지만 부모·자녀 간의 애정, 친밀성, 의무감을 바탕으로 하는 상호지원 관계는 바꾸지 못하는 것 같다. 이러한 부모·자녀 관계는 하늘이 정한 천륜(天倫)이며 인간이 끊을 수 없는 특수한 관계이기 때문일 것이다.

| 병약한 부모와 자녀의 역할

하지만 고령의 부모와 멀리 떨어져 사는 자녀는 정서적·사회적 및 물리적 거리를 극복하기가 쉽지 않다. 특히, 부모가 위급할 때 도움을 받을 만한 사람과 사회복지 – 의료기관을 찾기가 힘들다. 있다 해도 부모가 거주하는 지방에서 제공되는 서비스와 시설을 이용하는 데는 시간, 노력 및 비용이 든다. 그래서 먼 곳에서 별거하는 자녀는 어떻게 노부모를 도와 드리면 좋을지 걱정하고 고민한다.

서양 사람들과 같이 부모와 독립해서 사는 것이 사회적 가치이자 생활태도로 되어 있으면 모르지만, 부모를 모시고 부양하는 것이 전통적 관습이자 미덕으로 되어 있는 우리의 문화적 맥락에서는 이러한 별거생활로 인해 생기는 정신적·물질적 문제는 매우 어려운 경우가 많다.

중요한 문제는 연로한 부친 또는 모친이 혼자 살고 있는가 또는 노부모만이 살고 있느냐이다. 그 다음에는 성인 형제 ·자매(부양 책임을 나눌)와 출생순위(장남인가 차남인가)의 서열 문제가 대두된다. 또 가까운 곳에 친척, 친구, 지인이 있어 이들로부터 부모의 유사 시 도움을 받을 수 있는가. 성인자녀의 배우자가 있어 유사 시에 도울 수가 있는가를 파악해 두어야 한다.

가장 어려울 때가 부모의 건강이 악화되고 부모가 은퇴를 하거나 배우자를 잃었을 때이다. 이때 별거하는 부모와 자녀는 여러 가지 상황적 변화에 적응해 나가야 한다.

별거하는 자녀는 흔히 죄의식, 역할갈등(부모에 대한 의무와 배우자와 자녀에 대한 의무 간의), 좌절, 분노 등 이러지도 저러지도 못하는 난처한 경우에 부딪친다.

떨어져 살든 함께 살든 노부모를 책임지는 당사자는 결국 자녀, 배우자, 친척이다.

자녀 수가 많을수록 부모와 접촉하는 케이스가 많고, 부모가 받는 도움이 더 많을 수 있다. 그러나 그동안 진행된 가족계획으로 출산율이 급격히 저하됨으로써 자녀를 많이 둔 부모는 현저히 감소하였다. 이런 가족의 변동에 적응해 부모를 부양할 과제를 우리는 안고 있다.

부모의 건강은 따로 사는 자녀가 가장 걱정하는 문제이다. 효성스러운 자녀는 부모를 방문하고 전화를 하고 돈을 보내고 직접 보살필 수 없으면 다른 사람을 시켜서라도 보살피도록 해서 위기를 극복하려고 애를 쓴다.

부모가 일단 급성질환을 앓게 되면 긴급히 방문을 해서 대처해야 한다. 정신질환을 가지거나 만성질환으로 고생하는 경우에는 거의 매주 방문할 필요가 있다. 이럴 경우 자녀는 부모를 떼어 놓고 멀리 사는 데에 대해 죄의식과 스트레스, 그리고 무력감과 좌절감을 흔히 느낀다. 뿐만 아니라 재정 부담이 늘고 직장 생활에 지장이 생기고 부모의 오해와 서운함을 사게 될 수 있다.

어떻게든 멀리 사는 자녀는 여러 가지 요인 때문에 부모에게 지원을 제공하는 데 어려움을 겪는다. 거리 그 자체가 자녀의 효행능력을 제한하기 때문이다.

자녀와 부모의 관계는 친밀성, 염려와 걱정, 의무감/책임감, 도와주려는 바람으로 가득 차 있다. 이들은 떨어져 살면서도 부모에게 정신적 및 물질적 지원을 계속한다. 부모에게 돈, 선물, 기차나 비행기 표, 여비를 제공하고, 그분들의 주택문제를 해결하고, 사람을 사서 가사를 보살피도록 한다. 그리고 부모가 필요로 하는 정보와 서비스를 제공한다. 사회복지사, 목사, 신부, 의사, 가까운 친구, 친척, 자원봉사자와 접촉해서 부모가 필요로 하는 지원을 구한다. 뿐만 아니라 부모의 어려움을 이해하고, 동정하고, 자문하고, 위안하고, 힘을 북돋아 드린다. 사실 별거하는 노부모를 저버리는 자녀는 드물다.

부모의 건강 상태는 초기에서부터 말기에 이르는 단계가 있는데, 이런 단계에 따라 대처방법이 다르기 때문에 자녀와 가족은 사전에 준비를 해서 때와 경우에 따라 대응할 조치를 취해 놓아야 한다. 그럼으로써 뒤에 오는 충격을 줄일 수 있다.

부모의 병환이 진전되면 세상을 떠나기 전에 흔히 신체에 장애가 생길 수 있다. 이럴 때는 부모를 돕는 사람을 찾아 보살피도록 해야 한다. 신체적으로 장애가 있는 부모를 돕는다는 것은 쉬운 일이 아니다. 때로는 자녀와 가족이 힘이 들어서 지쳐 버리는 수가 있다.

부모가 불구가 되어 전문적 간호와 지속적 치료가 필요하면 보호부양 능력이 있는 자녀 집으로 옮기거나 적절한 시설과 전문요원을 갖춘 요양원에 입원하도록 조치를 취할 수 있다. 특히 이런 상태에 있는 부모가 배우자 없이 혼자 살고 있을 경우에는 알맞은 시설에 입원하는 대안을 흔히 선택하게 된다.

그런데 노인시설에 들어가는 것은 그 전에 가능한 모든 방법을 거친 뒤, 더 이상 다른 대안이 없을 때 취하는 방법이다. 우리 사회에서는 노인시설에 모시는 것에 대해 아직도 갈등을 느끼는 사람이 많다. 이는 집안에서 가족끼리 모셔야 한다는 전통적인 가치관에서 오는 태도이다.

부모를 시설에 보내는 데 대해서 자녀는 죄의식을 느끼며 사회적으로 체면을 손상하는 것으로 생각하는 경우가 아직도 많다. 그러나 지속적으로 전문적 간호와 치료가 필요한 부모를 전문시설에 위탁하게 되면 자녀는 안도감을 가질 수도 있다. 만성질환과 치매증이 있는 부모의 경우, 특히 그러하다.

그러나 부모의 배우자나 효성스러운 자녀는 병환 중인 부모가 전문의료인으로부터 정기적인 치료를 받으면서 집에서 요양하도록 하는 경우가 많다.

| 가족 외의 자원 활용

부모의 용태가 종말에 이르게 되면 먼 곳에서 별거하는 자녀는 정신적 및 물질적으로 어려움을 겪으며, 이웃과 사회의 지원을 갈망한다. 이런 어려운 전환기에 처해 있는 자녀를 지원하기 위한 각종 서비스를 우리는 조속히 확대해 나가야 하겠다. 그리고 사회복지기관, 노인복지기관, 노인복리를 증진하는 비영리집단/단체는 떨어져 사는 자녀가 그러한 위기에 처해 있는 부모를 지원할 수 있도록 지원망과 자조집단을 개발해서 특수 지원 체계를 갖추어 주는 데 협조해야 하겠다. 이런 지원망에는 지역에 정착하여 그 지역 사정을 잘 아는 사회복지사들이 포함되어 있어야 한다. 사회복지사는 그 지역에서 제공되고 있는 각종 서비스와 연결을 해 주는 중요한 역할을 할 수 있다.

가족은 자주 모임을 가지면서 고령의 부모에 관한 정보를 교환하고 부양책임을 나누며 부모의 간병과 치료 그리고 사망에 대비하는 작업을 해야 한다. 오늘날 의학은 사망까지의 시간을 연장하여 종말까지 일 년 또는 그 이상의 시간이 걸리는 경우가 많다. 이 기간 동안 자녀는 여러 번 부모를 방문해서 위와 같은 노력을 계속하게 된다.

이들은 희생적으로 책임성 있게 부모를 돕는 과정에서 부부간의 불화, 재정문제, 직장문제, 정신적 및 신체적 문제 등 어려움에 흔히 부딪친다.

이런 효성스러운 자녀는 그렇지 못한 자녀에 비하여 어려움이 닥쳤을 때 부모를 지원함에 있어 깊은 의무감을 가지고 결단력 있게 대처하는 경향이 있다.

이와 같이 효성스러운 자녀는 멀리 떨어져 살면서도 병환이 있는 부모를 부양하기 위해 정서적, 수단적 및 물질적 서비스를 제공한다.

부모가 세상을 떠날 때 떨어져 있어 임종을 못하게 되면 죄의식을 느끼고 평생의 한으로 삼는다.

공자는 부모와 떨어져 먼 곳에 다녀와야 할 때는 그곳에 도착하는 즉시 부모에게 연락을 취하라고 했다. 이 가르침에는 적어도 두 가지 뜻이 들어 있다고 본다. 하나는 부모가 자녀의 안전에 대해 걱정하지 않도록 소식을 전하는 것이고, 다른 하나는 부모가 위급할 때에는 즉시 집으로 돌아올 수 있도록 연락할 수 있게 하는 것이다.

하지만 오늘날에는 공자가 생존하던 2,500년 전 시대에는 상상도 못했을 이메일, 전화, 팩스, 철도, 자동차, 비행기 등 통신 및 교통수단이 발달되어 있고 더욱이 한국인은 부모에 대한 책임감, 보은(報恩)의 정, 친밀감이 강하기 때문에 거리로 인한 문제들은 노력 여하에 따라 상당한 정도로 해소될 수 있게 되었다.

떨어져 사는 경우에는 부모를 지원하는 방식이 달라질 수밖에 없다. 전화를 걸고, 편지를 하고, 방문을 하고, 선물과 용돈을 보내는 등의 수단을 통해서 부모와의 애정과 친밀성을 유지하고 부모의 안녕을 걱정하며 지원을 하게 된다.

직장사정, 재정적 형편 등 부득이한 사정으로 모실 수 없을 경우에는 보호인을 물색해서 보살피는 일을 위탁할 수 있다. 전화와 무선통신을 이용해서 부모를 보살펴 줄 수 있는 의사, 간호사, 가정방문 봉사자 또는 보호자에게 병환 중인 부모에 대한 정확한 정보를 제공하고 친척 또는 이웃과 연락해서 이들로부터도 지원을 받고 가까운 사회복지단체나 사회복지관 같은 봉사기관들의 지원도 얻는 등 부모가 거주하는 지역사회에서 구할 수 있는 자원을 최대한으로 활용할 수 있어야 한다. 특히 이들 기관의 사회복지사와 위급할 때 취해야 할 일들에 대한 의논을 할 수 있다. 그리고 부모의 법률적 및 재정적인 사항에 대한 처리도 생각해야 한다. 부모가 도저히 더 이상 따로 생활할 수 없을 때는 가족과 의논해서 조속한 시일 내에 최선의 방법을 강구한다. 이러한 노력이 진행되는 동안 직장에도 사정을 알려 휴가를 얻어 부모를 정기적으로 방문할 수 있도록 조치해야 한다.

이와 같이 부모와 별거하는 경우에는 가족원들의 자원은 물론이고 가족 밖의 자원도 동원해서 대처할 필요가 있다. 가족이 제공할 수 없는 서비스는 가족 외의 유료 또는 무료 서비스를 활용해야 한다. 부모가 위태로운 상태에 접어들 때는 전문적인 치료와 서비스를 제공해야 하기 때문이다.

우리 사회에서는 가족의 문제를 외부 사람에게 알리는 것을 꺼리는 습성이 남아 있는데, 많은 자녀가 부모와 떨어져 살게 된 이 시대에는 가족의 위기에 대처하기 위해 다른 사람 또는 가족 외부에서 얻을 수 있는 서비스를 최대한으로 활용하도록 해야 한다.

| 부모와의 접촉

떨어져 사는 자녀가 부모와 상호 관계를 유지하기 위해서는 어떤 방법으로든 부모와 접촉을 해야 한다.

먼 곳에서 따로 사는 자녀는 부모와 얼굴을 마주 대고 대화할 수 없기 때문에 전화나 편지를 하거나 직접 방문해서 부모를 만나야 한다. 물론 얼마나 자주 어느 정도 길게 어떠한 내용으로 전화나 편지를 하고 방문을 하느냐에 따라 이러한 노력의 질과 깊이가 달라질 수 있다. 그리고는 선물이나 물건을 보내는 방법이 있다.

전화가 제일 많이 사용되고 있다. 명절, 공휴일, 휴가, 생일, 결혼식, 졸업식 또는 긴급할 때는 부모를 방문한다. 편지는 전화요금이 너무 많이 들거나 전화로 하기 어려운 이야기가 있을 때 사용한다.

전화로 부모와 여러 가지 주제에 걸쳐 정다운 대화를 하고 부모의 근황을 살피고 자녀 자신의 생활을 부모에게 알릴 수 있다. 부모와 전화로 대화를 잘하는 자녀는 별거 생활에서 오는 문제를 상당한 정도로 극복할 수 있고 친밀한 관계를 유지할 수 있다. 무엇보다도 전화를 통해서 대화를 잘함으로써 부모를 정서적으로 보살필 수도 있다.

다음으로 부모를 직접 방문하는 방법이 있다. 부모와 자녀가 사는 곳 사이의 거리, 부모의 건강, 다른 가족에 대한 의무, 직장의 근무조건, 자녀의 결혼상태 등 요인에 따라 방문하는 기간과 횟수가 달라질 수 있다. 한편 부모도 자녀의 집을 방문한다. 함께 머무는 동안 부모·자녀 간에 애정이 두터워지며, 상호 간에 의존적이고 지지적인 가족관계가 공고히 된다.

전화와 방문 그리고 우편과 무선통신을 통해서 부모와 접촉하는데 관하여 제6장에서 자세히 논의한다.

| 떨어져 사는 자녀와 효

별거 현상이 확산됨에 따라 다수의 부모들과 자녀들이 다 같이 새로운 주거형태와 생활조건에 적응해 나가면서 서로 보살피고 지원하고 있다.

다음에서 소개하는 효행 사례들은 모두가 부모와 자녀가 서로 떨어져 사는 경우로서 자녀가 바로 이웃에 사는 사례도 있고 멀리 떨어져 사는 사례도 있다.

자녀가 이웃에 살면서 부모와 별개 가구를 이루고 있는 경우가 있다. 저자가 관찰한 이러한 예를 보면 자녀들은 부모가 언제나 필요할 때는 자기네 가족들과 서로 내왕할 수 있도록 차편을 제공해 주고 있어서 노부모와 자녀들 사이에 교류가 원활하다. 노부모를 비롯하여 대소가의 가족들이 사고나 병고가 발생하면 모두가 힘을 합쳐 정신적 및 물질적으로 대처한다. 자녀들은 번갈아 아침저녁으로 부모에게 문안을 드리며 손자녀는 자주 조부모와 함께 시간을 보낸다. 노부모의 건강에 대해서 자녀들은 각별한 관심을 가지고 대처해 간다. 이들은 별거하면서도 깊은 애정과 관심을 주고받으면서 부모를 중심으로 화합된 분위기 속에서 살고 있다. 동거하면서 보살피는 경우에 못지않게 노부모를 끊임없는 관심과 애정을 가지고 보살피고 있다. 그리고 부모가 연로하여 더 이상 스스로 생활하지 못하게 되면 대부분의 자녀들은 각자 자기 집으로 모시어 부양하기로 마음먹고 있다.

다음은 떨어져 살면서 효를 하는 예이다.

며느리와 어머니 사이의 갈등 때문에 부모가 편히 사시도록 김 씨는 자기 집에서 걸어서 20분 정도 되는 가까운 거리에 전셋집을 얻어 드렸다. 그는 부모님에게 자주 전화를 하며 일주일에 한 번은 온 가족이 부모님 집으로 간다. 김 씨의 부인도 음식이나 의복 등 시부모가 필요로 하는 것들을 가져다 드리거나 시어머니와 함께 장을 보러 가기도 한다. 김 씨의 부친은 김 씨의 직장 및 자녀 교육 문제에 대하여 의논하고 격려, 충고를 해 준다. 그의 모친은 그의 가족에게 음식을 만들어 주고 다섯 살짜리 막내를 돌봐 주며, 그의 가족이 외출할 때는 집을 봐 준다. 김 씨는 부모님의 해외여행을 위하여 적금을 들었다.

다음은 좀 멀리 떨어져 있으면서 부모를 부양하는 경우이다.

한 씨의 부모는 시골의 고향을 떠나지 않겠다고 하여 서울의 자기 집으로
모실 수가 없었다. 직장생활을 하는 한 씨는 부모님을 자주 찾아뵙지를 못
해 부모님에게 죄스럽게 생각하며 시중을 들어 드릴 수도 없고 즐기시는
음식을 해 드릴 수도 없어 안타까웠다. 그러나 전화로 자주 대화를 했다.
한 씨는 이틀에 한 번씩 부모님에게 전화를 드려 안부를 여쭤 보았다. 갑
자기 병환이 있으실 때는 긴급히 시골에 내려가 병원으로 모셔 진단과 치
료를 받으시게 했다. 또 부모님 집에 보일러를 설치해 드렸다. 한 씨의 부
인은 시부모에게 자주 전화를 드려서 집안에 일어나는 일들을 알려 드리
고 틈이 나면 음식과 용돈을 준비하여 시부모를 방문하였다. 한 씨는 자신
을 위해 평생을 바쳐 오신 부모님을 생각할 때마다 은혜를 갚아야 한다는
심정으로 뭉클해졌다. 한 씨의 자녀도 2년 전부터 편지를 써서 조부모에
게 보내 드렸다. 부모님 생신에는 가족들과 함께 시골에 내려갔다. 여름휴
가에도 내려가 부모님과 함께 시간을 보냈다. 1년에 두 번쯤 부모님은 서
울 아들집에 다녀가신다.

다음은 외국에 가 있으면서 부모를 모시는 경우이다.

송 씨는 고국에 아내와 두 자녀 그리고 연로하신 부모님을 남겨 두고 중
동에 가 일하고 있다. 1년 전에는 아버지가 위독하시어 귀국을 했다. 매달
가족 생활비와 저금할 돈을 송금할 때는 부모님에게 편지를 쓴다. 2주일
에 한 번은 집으로 전화를 하여 아내와 어린 두 아들과 통화하기 전에 부
모님과 통화를 한다. 안부를 묻고 불편하신 것이 없는지 살핀다. 아내에게
는 부모님의 건강 상태를 세세히 묻는다. 그리고 아들에게도 할아버지와
할머니를 공경하고 위로해 드리도록 부탁한다. 귀국하는 동료가 있을 때는
부모님과 가족에게 선물과 돈을 전하기도 한다. 부모님을 멀리 떠나 있기
때문에 불효를 한다고 생각하는 송 씨는 여동생이 자주 찾아뵙고 적적하
지 않게 해 드리도록 부탁을 한다. 명절 때가 되면 부모님과 가족을 만나
지 못하는 것이 안타깝다. 그렇지만 고생해서 저축한 자금으로 부모님과
가족을 더 잘 부양할 수 있으리라는 희망을 가지고 일하고 있다.

이상의 이야기들은 떨어져 사는 자녀가 부모를 존중하고 자녀의 책임을 수행하고 부모님 은혜에 보답하고 부모를 중심으로 가족의 화합을 도모하고 부모에게 애정을 표시하고 부모를 위해 희생을 하는 내용이다. 즉 이 사례들은 모두가 따로 살면서도 효행을 할 수 있음을 알려 주고 있다.

3장

부모를 위한
내면적 · 외면적 보살핌

고령의 부모와 떨어져 사는 자녀도 동거하는 자녀와 같이 부모님들을 애정으로 대해 드리고 마음을 편히 해 드리면서 정서적으로 보살펴 드릴 수 있다. 또 부모님들이 필요로 하는 일상생활품, 재정적 지원, 기타 물질적이고 수단적인 보살핌을 해 드릴 수 있다.

| 보살핌의 뜻

효에 관한 가르침에서 가장 강조되는 점이 바로 부모를 스스로 우러나서 보살피고 지원하는 일이다.

보살핌(care)은 부모에게 효를 하는 방식들 가운데서 으뜸가는 항목으로 저자의 경험적인 조사에서도 나타났다(성규탁, 1989, 2001; Sung, 2007).

보살핌은 단순히 느낌 또는 감정의 차원이 아닌 다른 사람의 복지에 대한 깊은 동정심과 관심 그리고 실제적 행동으로 이루어지는 도움과 지원을 의미한다.

『한국인의 효』 제3권에서 논의한 바와 같이 다른 사람을 보살핀다는 것은 바로 그 사람을 존경하는 것이라고 윤리학자들은 규정하고 있다. 존경은 사람과 사람 사이의 관계를 유지하는 데 가장 중요한 요소이다. 다른 사람을 존경하려면 먼저 그 사람에 대해서 관심을 가지고 존중하고 보살펴 주어야 한다는 것이다.

보살핌은 사람을 보살피는 일을 전문으로 하는 의료 사회복지 서비스 제공자와 밀접히 관련되어 있다. 만성질환으로 와상 중인 노령의 환자를 보살피는 일은 어려운 일이다. 이런 환자는 서비스 제공자에게 거의 완전히 의존하는 상태에 있다. 인생의 종말 단계에 있는 이분에게 인도적인 서비스를 제공하는 역할은 인간봉사 전문인들(의사, 간호사, 사회복지사, 기타 서비스 제공자들)이 도의적 및 전문적인 사명감을 갖고 실행해야 할 중요한 의무인 것이다.

오늘날 떨어져 사는 자녀가 노부모를 어떻게 보살피고 지원하느냐의 문제는 커다란 사회적 과제로 등장하였다. 우선 떨어져 살면 직접적인 돌봄, 식사 시중, 집안일 돕기, 교통편 제공 등 손과 몸으로 하는 외면적 보살핌을 제공할 기회가 줄어든다.

앞장에서 논의한 바와 같이 이러한 지리적 거리로 인해 생기는 부모·자녀 사이의 보살핌을 둘러싼 어려움을 어떻게 해결하고 줄이느냐의 과제가 많은 가족들이 안고 있는 커다란 고민이다. 하지만 오늘날 발전된 사회에서는 노력만 하면 상당한 정도로 이 문제를 풀어 나갈 수 있다(떨어져 사는 자녀가 부모가 생활하는 고장의 각종 의료 및 사회복지 서비스를 활용하는 데 대해서는 이 책 제9장 "지역자원의 활용"에서 논의한다).

앞으로 사람들이 더 오래 살고 부모를 보살피는 기간이 더 길어지고 부모를 떠나 먼 곳에서 활동하는 자녀수가 증가함에 따라 떨어져 사는 노령의 부모, 특히 혼자 사는 몸이 불편하거나 병환이 있는 분들을 돌보는 일은 더욱 심각한 문제가 될 것이다.

그런데 우리가 이해해야 될 점은 떨어져 사는 자녀도 대다수가 부모에 대한 애정을 가지고 부모의 안녕을 염려하고 부모를 지원해야 한다는 책임감, 나아가 가족원들 사이의 유대감을 부모와 동거하는 자녀와 마찬가지로 가진다는 사실이다. 그래서 별거하는 자녀들도 동거하는 자녀들과 마찬가지로 효를 행하고자 하는 심정을 가지고 있는 것이다.

| 내면적 차원과 외면적 차원

다음에 부모를 위한 보살핌에 관한 전통적 가르침을 되새겨 보고자 한다.

효에 관한 가르침과 지침이 수록되어 있는 문헌에는 부모를 예(禮)로 대접하는 것이 효라고 했다. 예는 예절과 바른 행동을 뜻하며 효의 행동적 차원만이 아니라 효의 내면적 차원, 즉 심리적이고 정서적인 차원까지 포함한다. 어른을 물질적(수단적)으로만 보살필 것이 아니라 정서적으로도 보살펴야 함을 강조하고 있다. 즉 부모의 마음과 몸을 함께 보살펴야 한다는 것이다.

부모를 정서적(내면적)이고 수단적(외면적)으로 보살피는 데 관해서 예기(상.1; 하.12)에 자세히 구체적으로 기록되어 있다.

"효자는 부모를 즐겁게 해 드려야 하며 그들의 의사에 어긋나는 언행을 해서는 아니 되며 이분들이 즐거운 것을 보고 듣도록 해야 하며 편한 잠자리를 제공해야 한다. 아침에 일어나면 아들 부부는 부모의 거실에 가서 문안을 드리고 공손한 말로 그분들의 의복이 따뜻한가 불편한 곳은 없는가 알아보고 만약 고통스럽거나 불편한 점이 있다고 하면, 이를 해소해 드려야 한다. 그리고 그분들이 원하는 음식을 대접해야 하며 그 음식은 맛이 있고 신선하고 연하고 향기로운 것이라야 한다."

이 구절에는 보살핌의 정서적인 면과 물질적인 면이 통합이 되어 설명되어 있다.

| 내면적 차원의 중요성

다음에 보살핌의 내면적 차원의 중요성에 대해서 생각해 보고자 한다.

우리는 사람에게 도움 또는 서비스나 치료를 해 주는 것과 방편적 또는 수단적인 것과 흔히 혼동하는 경향이 있다.

사람을 보살피는 데는 위에서 지적한 바와 같이 방편적(수단적 또는 기술적) 차원뿐만 아니라 정서적(내면적 또는 질적) 차원이 있다. 이 두 차원들은 서로 연결되어 있지만 이들을 구분해서 생각할 필요가 있다.

사람을 보살피고 돕는다는 것은 먼저 사람과 사람 사이의 인간관계 속에서 시작되고 진행된다. 다른 사람을 온정과 동정심을 가지고 존중하면서 대하지 않고서는 그 사람을 위해서 진정한 보살핌과 서비스나 치료를 해 줄 수 없다. 이 점은 부모와 자녀 사이의 관계에서도 마찬가지이다.

"……부모의 뜻을 거역하지 말고 그분들이 즐거워하는 것을 들려주고 보여 주도록 해야 한다.……"(예기, 1권, 1장) "……부모의 생신을 맞이해서 그분들이 한 해 더 늙으신 것을 가엽게 여겨야 한다."(논어, 4권, 21장) "부모의 죽음을 애도하는 데 형식에 치중하는 것보다 마음속으로 슬퍼하는 것이 더 중요하다"(논어, 3권, 4장).

위에 열거한 효에 관한 문헌에 담긴 말들은, 곧 자녀의 부모에 대한 내면적인 대접 – 정의, 존경, 애정, 책임감 – 을 반영하며 내면적인 차원이 중요함을 알려 주는 것이다. 이 내면적 차원이 곧 부모를 위한 모든 보살핌과 서비스의 시작이 된다고 볼 수 있다.

우리의 동아시아 문화권에서는 다른 사람을 보살핀다는 것은 곧 인(仁)을 실천함을 의미한다. 인은 사람을 사랑하는 것, 다른 사람에게 진정한 인간애를 실천함을 뜻한다. 즉 인은 사람과 사람이 사랑과 인간애를 서로 교환하는 것이며 모든 사람을 대하는 데 있어 실천해야 하는 덕이요. 가치인 것이다. 인은 부모를 보살피는 데에서도 마찬가지로 적용된다.

오늘날 의료와 사회복지를 담당하는 기관들에서도 서비스제공자들이 환자나 클라이언트에 대한 올바른 내면적 자세를 갖는 것을 매우 중요시하고 있다. 그리하여 질이 좋은 서비스와 치료를 제공하기 위해서는 서비스 제공자와 치료자가 무엇보다도 따뜻한 심정으로 클라이언트를 맞아 주고, 그들을 너그럽게 대하고, 그들을 인격을 지닌 소중한 사람으로 존경하고, 그들의 개인적인 생활 스타일과 신조를 존중하는 마음의 자세, 즉 내면적인 차원을 먼저 갖추어야 하는 것이다.

제3권에서 논의한 어른존경의 표현을 다시 생각해 볼 수 있다. 구체적인 어른 존경의 표현으로서 어른에 대한 인사, 경어 사용, 단정한 용모 갖추기, 윗자리 제공 등 행동적인 표현들을 제시한 바 있다. 이런 행위는 내면적으로 사람을 존중하는 마음이 있을 때 이루어질 수 있는 것이다.

서비스제공자의 가치관과 시각은 매우 중요하다. 많은 경우 서비스제공자의 가치관과 마음의 자세가 클라이언트에 대한 서비스의 내용과 방법을 결정하고 나아가 서비스의 질을 결정할 수 있기 때문이다.

노인을 푸대접하고 이들의 문제를 경시하는 사람들이 있다는 사실을 생각할 때 이런 서비스제공자가 갖출 요건은 매우 중요한 것이다.

떨어져 사는 자녀는 고령의 부모가 병환으로 간병을 받거나 입원 중일 때 치료자, 간호인 및 간병인의 서비스 질에 대해서 매우 걱정한다. 병환 중인 부모님을 정기적으로 방문하는 한편 친척, 이웃, 친구와 약속을 해서 이들이 자주 부모님을 방문하도록 하고 가능하면 부모님과 자조 전화를 하면서 치료, 간병 과정을 지켜 나가는 역할을 하는 것이 중요하다. 무엇보다도 믿을 수 있는 의료진을 선택하고 그곳의 의료인, 간호사 및 사회복지사와 긴밀한 연락을 취해야 한다.

지금까지 대부분의 서비스 제공자들이 수단적 또는 기술적이고 양적인 차원에서 노인을 보호, 부양하는 데 관심을 집중한 나머지 서비스의 질적이고 정서적인 면－내면적 차원－을 소홀히 다룬 경향이 없지 않다.

즉, 부모에 대해 존경과 애정을 표하고 관심을 갖고 걱정을 하고 동정심을 가지는 내면적이고 정서적인 차원의 보살핌에 대해서는 지금까지 크게 무게를 두지 않는 경향이 있었다. 이러한 차원은 눈으로 볼 수 없고 계산을 해서 숫자로 나타내기가 어려우나 우리의 마음속의 심정과 가치관을 표현하는 것이다.

떨어져 사는 자녀는 거리로 인한 제한점들이 있으나 현대적 통신교통 수단과 지역사회의 서비스자원을 십분 활용하고 서비스의 질에 유의하면서 부모님에게 내면적 보살핌과 외면적인 지원을 종합해서 해 드리는 노력을 할 수 있어야 하겠다.

4장

한국인의 가족중심적 성향

떨어져 살든 함께 살든 부모를 부양하는 주도적 역할을 하는 자는 곧 가족이요 가족원들이다. 따라서 가족이 어느 정도로 화합되고 단합되었느냐는 것은 매우 중요하다. 이 장에서는 많은 가족원들이 서로 떨어져 살고 있는 이 시대에 가족중심적인 성향이 어느 정도로 보편화되어 있는가를 다시 한 번 조명해 보기 위해 저자가 행한 가족지향성에 관한 연구결과 중 특히 자녀의 의무수행, 거주형태의 차이 등 효와 관련된 부분을 요약해서 논의하고자 한다.

우리의 가족구조는 현저히 변하여 이제는 핵가족이 가족의 대다수를 이루고 있다. 이와 함께 노인 단독세대가 늘고 있다. 가족의 크기가 작아지는 경향은 또한 출산율의 급격한 저하를 보아서도 알 수 있다. 종전의 집안에서 부모와 자녀를 부양하는 데 주도적 역할을 한 여성들의 교육, 고용 및 경제적 자립을 위한 기회가 확대되었다. 게다가 지속적으로 밀어닥치는 외래문화의 영향으로 젊은이들 사이에 개인중심적인 풍조가 드러나 보인다.

이러한 일련의 변동은 전통적인 가족 중심적 생활태도에 변화를 가져오고 있다(한남재, 1997; 김승권, 장경섭, 이현송, 정기선, 조애조, 송인주, 2000; Yoon & Cha, 1999; Choi, 2001).

그러나 한국인은 가족을 중요시하고 효와 관련된 가치를 받들고 성인자녀의 다수가 부모와 동거하는 등 가족주의적 성향을 여전히 간직하고 있다(신용하, 2004; 성규탁, 1994; Sung, 2007).

효사상은 가족주의적 가치관에 깊이 뿌리박혀 있어 개인적이기 보다는 가족적이고 가족공동체적인 지향성을 가지도록 여전히 영향을 끼치고 있다(신용하, 2004; 유승국, 1995). 가족주의적 성향이 있는 사람은 가족의 상호지원적 관계를 유지하고 가족화합을 이룩하며 가족에 대한 의무를 중요시한다(이광규, 1990; 김한초, 한남재, 최성재, 유인희, 1986).

저자는 이러한 문화적 특성을 가진 한국인들의 부모부양과 연계된 가족주의적 성향을 조사해 보았다.

| 조사내용

다음과 같은 여러 항목들에 걸쳐 조사하였다.

* 도움이 필요한 친척을 지원하는 것, * 가족 성원 개개인의 욕구보다도 가족 전체의 소원을 중요시하는 것, * 의사결정을 가족이 함께하는 것, * 부모/시부모와 동거하며 부양하는 것, * 외부의 위협으로부터 가족을 방어하는 것, * 길흉사 때 친척을 부조하는 것,

* 제사에 참례하는 것, * 부모에게 효도하는 것, * 부모를 부양할 의무를 수행하는 것, * 배우자를 선택할 때 부모의 동의를 얻는 것, * 부모의 병간호를 하는 것 등이다.

| 주요결과

〈가족주의적 성향〉

평균치가 가장 높이 나타난 항목은 "부모에 대한 효도"이다 (4.51: 5＝매우 찬성…… 1＝매우 불찬성). 찬성한 응답자들의 비율도 이 항목이 제일 높았다(95.5%). 부모효도 다음으로 높게 찬성한 항목은 부모가 편치 않을 때 간호하는 일이다. 다음으로 (경제적으로) 어려운 형편에 있는 부모를 지원하는 것, 부모/시부모와 동거하며 부양하는 것, 길흉사에 친척을 지원하는 것, 조상제사에 참여하는 것의 순서로 나타났다.

현대 한국인들이 효를 표상하는 이들 지표를 모두 중요하다고 판정하였다는 사실은 매우 인상적이다. 이러한 자료는 전통적인 가족주의적 성향과 가족을 중심으로 하는 효에 대한 이념을 증명하는 것으로 본다. 이 가운데는 "부모와 동거하면서 지원"이라는 지표가 들어 있다. 이는 부모를 같은 집에서 동거하면서 봉양하는 것이 자녀로서 선택할 효의 방법이라는 전통적 가치가 반영되어 있다. 떨어져 살면서 부모를 지원하는 것보다 동거하면서 지원하는 것을 선호하는 태도라고도 볼 수 있다.

이들 지표의 찬성 정도에 따른 순위를 보면 다음과 같다.

부모에게 효도함 (4.51)

와병 중인 부모를 간호함 (4.37)

부모가 어려울 때 부양함 (4.31)

부모와 동거하며 부양함 (4.09)

친척의 길흉사에 부조함 (4.02)

조상제사에 참여함 (4.00)

위의 항목들보다는 낮으나 대체로 찬성하는 평가를 받은 지표들을 평균치의 크기에 따라 열거하면 다음과 같다.

곤궁한 친척지원

위험으로부터 가족방어

배우자를 선택하는 데 부모 허락 받음

가족욕구 중시

위의 여러 가지 항목들을 크게 부모에 대한 자녀의 의무, 전체 가족에 대한 의무 및 친척 원조로 구분할 수 있다.

위와 같은 자료를 풀이하면 대략 다음과 같은 내용이 되겠다.

한국인들의 부모부양에 대한 관심과 의지가 크다는 점이 이 자료에서 일관성 있게 시사되었다. 가장 높은 평균점수(4.51~4.00)와 지적 빈도(95.5~77.8%)를 얻은 항목들 중 다섯 가지가 모두 '부모부양'과 관련된 지표들이다.

이 중에서도 가장 높은 찬성과 지적 빈도를 얻은 지표가 '부모를 위한 효도'이다. 다음으로 조상제사와 친척 길흉사에 관한 것인데, 조상제사에 참여하는 것과 친척의 길흉사에 부조하는 것도 역시 부모를 중심으로 가족의 영속을 꾀하고 친족과 상호 부조하는 의지를 표시한 것이다. 조상에게 제사를 올리는 것도 물론 효의 중요한 표현이다. 응답자들의 가족주의적 성향의 첫째가는 표현이 이와 같이 부모에 대한 효도와 부모에 대한 지원에 관한 것임은 인상적이다.

다음으로 비교적 높은 찬성 정도(3.98~3.560)와 비교적 많은 지적 빈도(80.3~60.8%)를 가진 지표들도 응답자들의 가족 및 친척에 대한 태도를 지적하는 것이다. 이들 지표 중 '애정에 관계없이 부모를 부양함', '부모와 동거하며 부양함' 및 '부모에게 순종함'에 대해서는 찬성하는 정도가 다른 지표들보다 더 높았다. 그런데 '외부의 위험으로부터 가족을 방어함', '가족성원들의 행동을 통제함' 및 '가족이 싫어하는 행동을 삼가함'은 가족주의적 태도를 표시하는 지표들인데 이에 대해서는 대체로 찬성함에 가깝다.

이 결과는 현대 한국인들이 부모부양의지 또는 효행의지를 중요시하고 있다는 점을 분명히 시사한 것이다. 가족주의적 성향은 부모중심으로 가족을 의식하는 것이며 부모를 보호 부양하는 의지나 의무감이 그 성향의 밑바탕이 되는 것으로 볼 수 있다.

〈응답자의 속성과 가족주의적 성향〉

응답자의 개인적 속성과 가족주의적 성향과의 관련성을 분석해 보았다.

(1) 지방거주자와 도시거주자의 가족태도의 평균치에 기초한 t검 증을 한 결과 통계적으로 유의한 차이가 시사된 (p<.05) 지표들은 가족욕구 중시, 시부모부양, 부모지원, 친척 길흉사 부조, 배우자 선택 때 부모허가 받음에 대해서만 지방거주자가 도시거주자보다 더 중요시하는 경향이 있었으나 대다수를 이루는 나머지 지표들에 서는 유의한 차이가 없음이 시사되었다.

결과적으로 지방거주자가 도시거주자보다도 가족주의적 성향이 더 높다는 가정이 증명되지 않은 셈이다. 즉 지역차에 상관없이 부모부 양에 대해서 공통적으로 긍정적인 성향이 있음을 시사하는 것이다.

도시거주자들 가운데는 시골에 사는 노부모와 떨어져 사는 성인자 녀들이 다수 있을 것인데 종합적으로 이들의 가족주의적 성향과 효 행의지도 다른 응답자들과 차이가 없이 매우 긍정적임이 시사되었 다. 부모와 떨어져 살면서도 부모부양을 중시하고 부모를 중심으로 가족 전체의 복리와 안전에 관심을 가지고 있음을 나타낸 것이다.

(2) 성별에 따라 차이가 없는 지표들은 친척원조, 부모순종, 부모 효도, 부모병간 등이다. 남자가 여자보다 이들 항목을 약간 더 중요 시한 것으로 나타났다. 배우자 선택과 시부모 동거 부양은 여자가 더 중요시했다. 그러나 종합적으로 남녀가 커다란 차이가 없이 부모

효도, 부모병간 등 부모부양과 관련된 지표들을 높게 평가하였다.

(3) 친척원조, 시부모부양, 친척동거지원, 부모효도 및 부모병간에서는 연령에 따른 차이가 없이 모두 중요하거나 중요함에 가까운 평을 했다. 나머지 지표들에서는 일관성 있게 연령이 높을수록 가족주의적 태도가 높았으며 반대로 연령이 낮을수록 낮았다. 따라서 가족태도를 식별하는 데 있어 연령은 중요한 변수가 된다고 본다.

연령과 대조해서 가족태도 지표들을 변량분석(ANOVA)한 결과, 대다수 지표들에서 연령집단들 사이에 통계적으로 유의한 차이가 있었다. 즉 연령이 높음에 따라 일관성 있게 더 가족주의적 성향이 나타났다.

(4) 거의 모든 항목들에 대해서 교육의 고하(高下)를 막론하고, 모두가 찬성한 점은 한국인들의 부모부양에 대한 공통적인 성향을 시사하는 것이다.

(5) 생활 정도에 따라 가족에 대한 태도가 다를 수 있을 것으로 예측했으나 그렇지가 않았다. 다만 생활 정도가 높음에 따라 부모효도, 행위조심, 부모지원에 대해서 약간 더 찬성하는 경향이 있다.

(6) 출생순위(장남, 차남, 3남)에 따라서는 대부분의 항목들에서 차이가 없음이 시사되었다.

| 논 의

한국인의 가족주의적 성향에 대해서는 이미 널리 논의된 바 있다(신용하, 2004; 최재석, 1994; 이광규, 1990; 김한초, 한남재, 최성재, 유인희, 1986; Hill & Koenig, 1970). 다만 본 조사와 같이 그러한 성향을 부모부양(효)에 초점을 두고 경험적인 자료를 바탕으로 한 연구가 드물었다.

이 조사에서 일관성 있게 나타난 결과는 부모효도를 비롯한 부모를 중시하는 지표들에 대해서는 연령, 교육, 출신지역, 생활정도 및 출생순위에 상관없이 대다수 응답자들이 높게 평가를 하였다는 사실이다. 이러한 결과는 현대 한국인의 가족을 중심으로 한 부모부양에 대한 긍정적인 태도를 예증하는 것이다.

특히 응답자들의 77%가 결혼 대상자를 고를 때 부모허락을 받는 데 찬성한 점은 놀라운 사실이다. 물론 배우자 선택에서 부모가 결정하고 난 뒤에 자녀가 동의한다든지 자녀가 결정한 뒤에 부모가 동의하는 방법이 아름다운 가족적 의사결정이라고 보는 시각이 있다(최재석, 1994).

그리고 친척을 중시하는 태도가 일관성 있게 나타났다. 이 또한 가족주의적 성향을 지적하는 것이다(이광규, 1990; 김한초 외, 1986). 친척은 사회적 지원망을 형성하는 상호부조 체계를 이룬다(김낙진, 2004). 혈연으로 엉켜진 사람들이 서로 돕고 서로 보호하는 공동체를 이루기 때문에 오늘날 핵가족 시대에는 친척이 가족복지와 사회복지적 견지에서 매우 중요하다(신용하, 2004; 이광규,

1990). 앞으로 이러한 친척과 상호 지원하는 가족주의적 관행이 이웃과 공동사회로 연장되어 그 지원하는 폭을 사회 전체로 넓힐 수 있도록 유도할 필요가 있다.

본 조사는 현대 한국인들의 가치 속에 가족주의적 성향이 깊이 뿌리 박혀 있으며, 특히 부모를 부양하려는 의지, 즉 효의 의지가 이러한 성향의 바탕이 되고 있음을 알려 주고 있다.

오늘날 전통문화와 산업화가 요청하는 물질적이고 합리주의적인 생활체제 사이의 부조화와 갈등으로 우리는 가치관의 혼란을 경험하고 있다. 이러한 상황에서 우리 문화의 인간적 가치를 숭앙하는 윤리질서를 보다 발전적으로 재정립할 필요가 있다.

그러하려면 오랜 세월 동안 우리 문화의 바탕을 이루어 온 가족이 상호 부조하는 성향과 부모부양 이념인 효를 재조명해서 누구나 평범한 가족생활 속에서 행할 수 있는 효를 발전적으로 정립하는 작업이 먼저 이루어져야 한다고 본다.

5장

떨어져 사는
자녀와 부모의 교환

노령기에 들어서면 건강이 서서히 나빠지고 이에 따라 활동도 줄어든다. 이러한 상태가 되면 노령의 부모는 가족의 지원이 더 필요하게 되며 가족에게 더욱 의존하게 된다.

이 단계에서는 노부모는 가족의 긍정적인 지지를 받는 것이 정신건강과 신체적 건강을 위해 매우 중요하다. 이런 바람직한 관계를 유지하지 못하면 고독감, 우울증 및 건강의 악화를 초래하기 쉽다. 부모와 자녀 사이에 안정된 관계가 유지되어야 한다. 안정된 관계란 자녀와 부모가 자주 접촉하며 친밀한 관계를 유지하면서 서로 보살피고 지원하는 교호적인 세대관계를 지속함을 뜻한다.

자녀의 성별에 따라 부모와 친밀하게 접촉하는 빈도가 달라질 수 있다. 딸은 아들보다도 부모를 더 자주 접촉하며 보살펴 주는 경향이 있다. 결혼 상태에 따라서도 달라질 수 있다. 홀로 된 자녀와 결혼을 하지 않은 자녀는 부모를 자주 만나는 경향이 있다. 사회적 계층에 따라서도 달라지는 것 같다. 수입이 많은 자녀는 부모를 자주 만나지 못하는 편이다. 그 이유는 수입이 많아지면 자주 출장이나 여행을 다닌다든지 출입이 많아져서 집에 있는 시간과 떨어져 있는 부모를 만나는 기회가 줄어들기 때문이다. 문제는 접촉이 줄어들면 자연 노령의 부모를 보살피고 지원하는 횟수가 줄어든다.

어떤 자녀는 부모를 보살피고 지원하는 데 대한 책임감이 매우 높다. 자녀가 부모에 대한 책임감을 가지는 이유에는 대체로 두 가지가 있다고 본다. 첫째는 자기를 낳아서 어릴 때부터 키워 주고 지원해 준 부모의 은혜를 갚으려는 도덕적인 의무 때문이고, 다음으로 부모·자녀 간의 끊을 수 없는 하늘이 준 인연으로 인해 노쇠해진 부모를 도우려는 자연적인 이유를 들 수 있다. 성숙한 자녀로서 이 두 가지 이유를 염두에 둔다면 부모를 부양할 책임감을 가지지 않을 수가 없는 것이다. 이 이유들이 바로 자녀가 부모에게 효를 하는 중요한 까닭이라고 할 수 있다.

문화가 다르면 부모와 자녀 사이의 교환도 어느 정도 달라질 수 있다. 우리는 일반적으로 부모의 가족 내 지위를 존중한다. 그래서 부모·자녀 간의 애정과 책임을 물질적 지원보다도 더 중요시하는 경향이 있다. 즉 정서적 지원이 물질적 지원보다도 더 앞서는 경우가 많다. 이와 대조적으로 미국인들은 부모의 은혜에 대해 물질적인 수단으로 보답하려는 경향이 더 강한 것 같다. 우리는 부모의 은혜에 대한 보답으로서 노령의 부모가 자녀에게 의존해서 도움을 받는 것을 좋든 싫든 받아들이고 있다. 그러나 미국의 노부모들은 자녀와 독립해서 살면서 자녀에게 의존하지 않는 것이 생활신조요 사회적 가치라고 믿고 있다.

이와 같이 서양 사람들과 우리는 부모·자녀 사이에는 보살핌과 지원을 중심으로 하는 상호 의존 관계에서 정도의 차이겠지만 다른 성격이 있다.

부모와 자녀 사이의 교호적 관계는 이들의 평생을 통해서 진행된다. 어느 시점을 막론하고 적어도 3세대 사이에 보살핌과 지원의 교환이 진행되고 있다. 부모는 자녀에게 정서적 보살핌과 물질적 지원을 해 준다. 그리고는 노후에 자녀로부터 보살핌과 지원을 받는다. 이때가 되면 자녀도 그들 자신의 자녀와 도움을 교환하는 관계가 시작이 된다. 즉 세대 간의 도움을 주고받는 자연적인 순환의 과정이 집안 안에서 진행되는 것이다.

그런데 노부모들은 자녀로부터 지나치게 도움을 받고 있을까? 자기들이 준 도움보다도 자녀로부터 더 많은 도움을 받고 있을까? 부모·자녀 간에 주고받는 관계를 이와 같이 평등~불평등 또는 균형~불균형의 시각에서 볼 수는 없다고 생각한다.

부모·자녀 사이의 교환관계는 갈등관계가 아니라 고령 세대와 젊은 세대 사이의 상호 지원이 진행되는 자연적이며 긍정적인 호혜적 관계라고 보는 것이 타당할 것이다. 부모로부터 받은 빚은 일정한 대가를 정할 수가 없고 어느 시기에 갚아야 한다는 기한도 없는 빚이다. 친구한테 진 빚은 정한 기한에 갚으면 되지만 부모에게 진 빚은 그렇지가 않다. 부모는 대가를 바라고 은혜를 베풀지 않았다. 그 빚은 영원한 빚으로 남아 있는 특수한 빚이다. 이러한 부모로부터 받은 은혜의 특수성을 생각한다면 부모·자녀 간의 주고받는 관계를 불평등 또는 불균형이란 말로 해석할 수는 없다. 세대 간의 교환의 균형 – 불균형에 관해서는 제5권에서 다시 논의를 한다.

| 부모와 자녀의 접촉

떨어져 살면 첫째로 얼굴을 맞대고 접촉할 수가 없다. 게다가 혼자 사는 노인은 고독감, 고립감으로 정서적 고통을 받는 경우가 많다. 그래서 자녀와 친인척 또는 친구와의 상호 교류가 이루어져야 한다.

이 때문에 자녀로서 어떤 방식으로 부모와 자주 접촉하느냐의 문제가 등장한다.

오늘날 통신교통 수단이 발달되어 지리적인 거리에 대한 우리들의 관념이 상당히 달라졌다. 이제는 서울과 부산 그리고 서울과 광주를 기차로 불과 3시간에 갈 수 있고, 비행기로는 1시간 이내에 갈 수가 있다. 이처럼 국내의 대다수 지역을 불과 3~5시간 내에 갈 수 있게 되었다. 전화기도 이제는 집집마다 다 있고 대다수의 사람들은 개인용 휴대전화를 가지고 있다. 그리고 컴퓨터를 사용해서 이메일로 상대방에게 연락을 하는 사람들의 수도 늘고 있다. 이처럼 근래에는 다수 노인들도 이러한 문명의 혜택을 누리고 있다.

부모를 접촉하는 데 편지를 하느냐 전화를 하느냐 이메일을 사용하느냐 선물을 보내느냐 또는 방문을 하느냐의 선택을 두고 곰곰이 생각해야 한다. 이 방법들은 부모와 접촉하는 데 중요한 수단이 되지만 모두가 단점을 가지고 있다.

편지는 전화로 못하는 사연을 전할 수 있지만 답을 받을 때까지 시간이 걸리고 상대를 직접 대면하지 못하기 때문에 불편하다. 우편으로 선물이나 소포를 보내는 것은 얼굴을 못 보고 시간이 걸리지만 부모에 대한 애정과 지원을 전달하는 장점이 있다.

뭐니 뭐니 해도 전화를 통해서 부모와 자녀가 접촉하는 경우가 제일 많다.

다음으로 많이 사용하는 접촉방법은 부모를 직접 방문하는 것이다. 대다수 자녀들은 공휴일과 명절 등을 이용해 멀리 떨어져 사는 부모님을 찾아간다. 그리고 방문은 가족의 생활주기를 통하여 일어나는 중요한 집안 행사들 - 생일, 결혼, 출생, 입학, 졸업, 장례 등 - 에서 서로 얼굴을 맞대면서 접촉하는 방법이다. 노부모는 건강이 나빠지면 여행이 힘들기 때문에 자녀를 방문하는 횟수가 줄어든다. 이렇게 되면 전화를 통해 자녀와 대화를 하는 횟수가 늘어나게 된다.

| 떨어져 사는 자녀와 부모시중

자녀와 부모의 관계는 친밀성과 서로 걱정하고 염려하는 심정, 의무감, 도와주고 싶은 마음, 다시 말해서 서로를 돌보고 지원하려는 심정으로 차 있는 것이다.

떨어져 사는 자녀는 부모에게 여러 가지 심리적·물질적 지원을 한다. 즉 돈, 생활필수품, 선물 등을 제공하고 병원치료 알선, 주택수리, 가사정돈, 서류작성, 정보제공 등 수단적 지원을 해 드린다. 필요시에는 친척, 사회복지사, 의사, 치과의사, 목사, 신부, 주택관리자, 사회복지기관, 동회, 구청, 부모의 친구와 이웃 등과 연락해서 부모를 특정한 기간 동안 어떤 조건하에 지원해 달라고 부탁하기도 한다.

자녀들은 정서적 도움도 물론 제공한다. 예로 전화와 방문을 통해서 부모의 말씀을 들어 드리고 동정적인 응답을 해 드리고 위안을 하고 안심하도록 해 드리고 격려를 해 드린다.

이러한 노력을 통해서 떨어져 사는 부모와 자녀 사이에 깊고 두터운 세대관계가 유지되어 나갈 수 있다.

우리 사회에서는 서양 사회와 달리 부모와 함께 사는 성인자녀들이 아직도 많다. 노부모와 동거하는 자녀는 좋든 싫든 노부모를 직접 보살피는 역할을 하게 되며 부모와 떨어져 사는 자녀보다도 수단적 – 손끝과 몸으로 직접 제공하는 – 서비스를 더 많이 제공하게 마련이다.

떨어져 사는 경우에 부모를 어떻게 보살피고 지원하느냐의 문제는 곧 효의 가장 중요한 항목인 존경을 실천하는 것과 관련이 된다. 앞서 지적하였듯이 존경은 보살핌과 지원을 내포하고 있기 때문이다.

우선 떨어져 살면 직접 부모와 맞나 하는 돌봄, 식사 시중, 집안일 돕기, 교통편 제공 등 수단적 서비스를 제공하는 기회가 줄어든다. 특히 노부모가 병환이 날 때 속히 찾아가 돌보기가 어렵게 된다. 이러한 지리적 거리로 인해 생기는 자녀부모 사이의 지원을 둘러싼 어려움을 어떻게 해결 내지 줄이느냐의 과제가 바로 현대의 많은 가족들이 안고 있는 커다란 고민거리이다.

그런데 우리가 이해해야 될 점은 떨어져 사는 자녀도 부모에 대한 애정을 가지고 부모의 안녕을 염려하고 필요할 때 지원을 해야 한다는 책임감. 나아가 가족 간의 유대감을 갖는다는 점에서 부모와 같이 사는 자녀의 경우와 같다는 사실이다.

앞으로 사람들이 더 오래 살게 되고 부모를 보살펴야 하는 기간이 지금보다 더 늘어나고 자녀수가 줄어들고 부모를 떠나 먼 곳에서 활동하는 자녀가 많아짐에 따라 떨어져 사는 부모-특히, 혼자 사는 몸이 불편하거나 병환이 있는 노부모-를 돌보는 일은 더욱 심각한 문제로 대두될 것으로 본다.

떨어져 사는 형태도 가족마다 다를 수 있다. 앞서 소개한 바와 같이 자녀가 부모와 떨어져 이웃집, 같은 동리, 같은 시내, 어떤 지방 또는 외국에서 사는 경우가 있다.

이러한 거리상의 차이가 있지만 일반적으로 떨어져 사는 자녀는 흔히 전화로 부모와 대화를 하면서 부모의 생활상태를 파악하고 필요할 때는 부모를 위해 적절한 대책을 마련한다. 시간적으로 여유가 있으면 우편으로 통신을 하고, 생활비나 물건을 보내기도 한다. 부모를 정기적으로 또는 필요할 때 방문해서 애정을 나누고 즐겁게 해 드리고 부모의 건강상태, 독립해서 생활할 능력, 이웃과의 관계 등을 파악하여 부모의 안녕과 복리를 도모한다. 현대의 발전된 각종 통신수단과 교통수단을 활용해서 떨어져 사는 부모를 돌보아 드리면서 자녀의 도리를 한다.

이러한 통신수단에 대해 부언한다면 멀리 사는 부모와 친밀한 관계를 유지하는 데는 전화가 제일 많이 사용된다. 그러나 전화로는 상대의 표정, 몸 움직임, 애정의 표시 등 표정을 보지 못한다. 그리고 통화시간은 보통 길지 못하기 때문에 양편의 생활에 관한 자세한 정보를 교환하기가 어렵다. 요즘 많이 사용되는 팩스와 이메일은 비용이 적게 들고 빠르게 통신할 수 있으나, 이것 역시 서로 마주 보고 대화를 하지 못한다는 제한점이 있다. 직접 방문을 하는 것은 무엇보다도 부모·자녀가 얼굴을 맞대고 접촉할 수 있는 반가운 기회를 제공한다. 정규적인 방문은 자녀가 갖는 책임감의 정도, 거리, 직장의 사정, 건강상태, 결혼상태, 생활스타일 등에 따라 그 길이 또는 기간이 달라질 수 있다.

전화, 방문, 통신 등 접촉수단은 떨어져 사는 자녀가 부모와 접촉하는 데 매우 중요한 방법이기 때문에 다음 장에서 자세히 논의를 한다.

| 도움이 되는 방법의 모색

멀리 떨어져 사는 자녀는 여러 가지 일을 해결해 나가야 한다. 떨어져 살면서 노부모를 보살피는 일은 쉬운 일이 아니다. 전화로 항시 통화를 하지만 어느 때는 갑자기 부모가 전화를 못 받는 경우가 생긴다. 전화가 고장이 났거나 외출을 했거나 무슨 일이 생겨서 부모가 전화를 받지 않는 경우가 있다. 이럴 때면 자녀는 걱정이 되어 경찰을 부를까 어찌할까 애간장을 태운다. 이렇게 걱정을 하는 이유는 노부모의 안전과 건강을 매우 염려하기 때문이다.

다음 장에서 논의하지만 떨어져 사는 자녀는 부모가 사는 지역사회에 있는 여러 가지 사회복지 및 의료 자원을 활용해서 부모가 필요로 하는 서비스를 받도록 주선할 수 있다. 친척, 친구, 동사무소, 노인복지관, 사회복지관 등을 통해 노부모를 병원 또는 서비스

제공자와 연결하는 도움을 유료 또는 무료로 제공받을 수 있다. 최근에는 컴퓨터로 볼 수 있는 웹사이트를 통해 각 지방의 주요 의료시설, 사회복지단체, 자원봉사그룹 같은 봉사기관을 찾아 지원을 받을 수 있는 기회가 커지고 있다. 아직도 이들 사회복지기관들이 일반 노인들을 도울 수 있는 능력이 제한되어 있기는 하지만 점차 그 능력이 증대할 것으로 본다. 왜냐하면 우리나라의 사회복지 정책이 가족의 역할을 조금씩 대행하는 방향으로 옮겨 가고 있기 때문이다. 가족이 스스로 노부모를 도와나갈 수 있도록 부족한 점을 정부가 지원해 주는 정책이다.

가족이 직접 제공하지 못하는 도움을 가족 외부의 전문적 서비스 기관에 의뢰해서 제공받는 것이다. 앞으로 이러한 외부의 서비스를 제공받는 방법이 널리 사용될 것으로 본다. 새 시대에 효를 하는 방법이 달라지고 있는 것이다.

그러나 외부 기관에서 가족에게 제공하는 서비스는 가족 스스로가 가족원들에게 제공하는 서비스에 비해 따뜻하고 인정이 있고 존중하는 서비스가 되지 못하는 경우가 많다.

우리 사회에서는 가족들이 서로 의존하고 밀접한 관계를 유지하며 가족 전체의 번영과 복지를 중요시하고 개인에 앞서 가족을 걱정하는 가치와 생활태도를 보존하고 있다. 이러한 문화적 전통은 오늘날 시대의 흐름이 달라짐에 따라 과거보다는 약해졌다고 하지만 우리의 일상생활에 여전히 영향을 미치고 있다.

우리에게는 떨어져 사는 어른을 보살피고 지원하려는 강한 의지가 있다. 따라서 떨어져 살면서 어떻게 부모를 보살피고 지원하느냐의 방법상의 문제가 남아 있다.

이러한 시대적 문제를 해소하기 위한 여러 가지 방법 – 전화, 우편, 무선통신, 방문, 선물 등 – 을 통한 세대 간의 접촉과 상호 지원을 하는 기법들을 연구 개발해 나가야 하겠다.

시급한 일은 개인 및 친척 또는 집단 별로 노부모에게 긴급한 일이 생길 때 정보와 지원을 받을 수 있는 비상망을 조직하는 것이다. 전국의 구청과 동회, 병원(의사, 간호사, 사회복지사 등을 포함), 진료소, 보건소, 노인요양원, 노인복지관, 사회복지기관, 자원봉사단체, 부모와 친척이 소속된 성당과 교회, 모임 및 단체 그리고 부모의 가까운 친구, 제자의 종합 명단을 마련하는 것이다.

이 명단에는 제공하는 서비스 종목, 비용, 지리적 위치, 접촉할 담당자, 연락 방법 등에 대한 정보를 명시한다.

사회복지단체들은 이런 정보를 전산화하여 웹사이트를 통해 필요한 사람들이 쉽게 얻을 수 있게 해야 할 것이다. 이와 같은 작업은 자원이 있는 단체들이 개입하여 시간과 에너지를 투입해서 전국적·종합적으로 행해야 할 성질의 일이다.

| 떨어져 사는 데서 생기는 문제들

근년에는 일시적으로 혹은 장기적으로 부모와 떨어져 사는 사례가 크게 늘어나 산업사회의 변화를 엿보이고 있다.

고령자들의 거주형태를 보면 결혼한 자녀와 동거하는 케이스가 점차 줄고 있다. 그래도 약 40%의 고령자들이 자녀와 동거하고 있다(권중돈, 2004; Park, Cho, & Byun, 2009). 이와 대조적으로 노인 혼자 사는 사례는 늘고 있다.

자녀와 동거하는 고령자가 이직도 많은 현상은 고령자가 기혼자녀와 동거하기를 원하고 있기 때문이라고 볼 수 있다. 건강한 노인의 대다수(61%)는 자녀와 별거하는 것을 택하고 있으나 미래에 자녀와 동거하기를 바라는 노인은 많다(76%). 앞으로 닥칠 불안한 고령기에 대비해서 자녀에게 의존하려는 노인들의 심정이 반영된 것이라고 볼 수 있다.

노인의 학력과 경제력에 따라서도 주거형태가 다를 수 있다. 즉 교육이 높은 노인들과 경제력이 있는 분들은 자녀와 따로 단독세대를 이루는 사례가 많다.

노인이 자녀와 동거하는 이유로 세 가지를 들고 있다. 즉 도구적·정서적 및 규범적 이유이다(한국노인의 삶, 1999). 도구적 이유(이 책에서 사용하는 용어 '수단적' 요인과 같은)는 식사시중, 몸시중, 경제적 지원, 가사돌보기, 교통편 제공, 일손 도움 등이 필요한 것이다. 정서적 이유는 노부모의 마음을 편히 해 주고 애정으로 대해 주고 동정해 주고 염려해 주며 말상대가 되어 주고 문제 상담이 필요한 것이다. 규범적 이유는 우리의 전통적인 문화적 가치와 관습에 따라 자녀가 노부모를 같은 집에서 살면서 봉양을 하는 것이다. 물론 많은 경우 이 세 가지 이유들 모두가 종합되어 자녀와 동거하는 이유가 될 수 있다.

앞으로 사회보장제도가 정립되어 이 제도로부터 노인과 가족이 받는 혜택이 늘게 되면 수단적(물질적) 지원이 필요한 노인은 점차 줄어들고 대신 정서적 지원을 바라는 노인이 늘게 될 것으로 본다.

규범적 이유는 사람에 따라 해석이 다를 수 있겠으나 사실 그 참뜻 −부모와 자녀는 함께 살면서 교호적으로 돌보아야 함− 을 보아서 는 시대가 변하고 사회적 환경이 달라진다고 하여도 그 문화적 가 치는 존속할 것으로 본다. 물론 노부모와 자녀가 각기 자기들의 사 생활과 독립을 추구해서 서로 따로 사는 것을 원하는 경우에는 이 러한 가치가 적용되는 데 한계가 있을 수 있다.

그러한 전통적 가치의 영향이 우리 사회에 존속하고 있음을 증 명하는 사실로서 성인자녀가 전통적 부양의식을 가질수록 그들이 부모를 부양할 책임을 더 가지게 된다는 것이다(성, 2005; 한국노 인의 삶, 1999: 109).

한편, 부모와 자녀가 별거하게 되는 요인들이 여러 가지 있는데 노부모의 교육수준이 높고 경제력이 있고 주택을 소유하고 건강상 태가 좋고 사생활이 필요할 경우 따로 생활하는 경향이 있다.

그러나 한편 자녀와 동거하지 않는 고령자들도 자녀와 자주 접 촉을 하며 교류를 하고 있다. 이분들의 상당수가 자녀의 집 가까이 살고 있다. 고령이 됨에 따라 멀리 떨어져 사는 부모들도 자녀 집 에 더 가까운 곳으로 옮겨서 사는 경우가 많다.

멀리 떨어져 살면 우선 서로 방문하는 횟수가 줄어든다. 저자가 알아본 바에 의하면 300리 떨어져 사는 자녀들의 4분의 3은 부모 를 일 년에 한 번 내지 두 번 방문하며, 50리 떨어져 사는 자녀는 매주 한 번 방문하고 있다. 떨어져 사는 자녀들과 부모들도 접촉은 계속하지만 대부분 전화를 통해서 대화를 한다.

멀리 떨어져 사는 노부모를 부양하는 데는 많은 노력이 든다. 특 히 노부모가 장애를 가졌거나 질환이 있어 개인적인 보살핌과 보호가 필요할 때는 복잡한 문제들이 뒤따른다. 이런 경우에는 장거리 전화를 많이 하게 된다. 부모를 보살피는 의사, 사회복지사, 간호사, 친척, 친구에게도 전화를 자주 해야 한다. 전화뿐만 아니라 부모가 사는 곳에 주말마다 가야 하고 긴급할 때는 신속히 부모를 방문해야 한다.

노부모의 건강이 악화되어 지속적으로 전문적인 의료 서비스가 필요하게 되고 직장을 가진 집안 식구들만으로는 더 이상 이분들을 보살필 수가 없는 형편이 되면 부득이 주간 보호소, 노인요양원 또는 장기요양원을 찾아 보살핌과 보호를 의뢰할 수가 있다. 효심이 많은 자녀도 집안 형편이 이렇게 되면 마음의 괴로움을 참고 가정 밖으로 부모를 위한 서비스를 찾게 된다. 그리고 가정에 따라 시부모와 며느리 사이에 갈등과 충돌이 잦아 노부모를 편히 모시고 가정의 화평을 위해서 외부의 서비스를 찾게 되는 수가 있다. 이런 경우 양부모가 다 같이 생존하고 건강하여 내외분이 서로 도와줄 수 있으면 자녀의 부담은 상당히 줄어들게 된다. 비록 한 분만이 생존하는 경우도 이분이 건강하고 일상생활을 해 나갈 수 있고 취미가 있고 친구와 어울리며 재정적 여유가 있는 경우에는 역시 자녀의 부담이 줄 수 있다.

그러나 노령의 부모의 경우는 이런 케이스가 드물며 노부모가 자녀에게 의존하게 되는 경우가 더 많다. 질환이 있는 노부모를 어디로 모시느냐는 문제를 두고 자녀는 죄의식과 갈등에 차이게 된다. 여성이 남성보다도 더 오래 살기 때문에 이러한 상황에 놓인 부모는 대개가 노령의 어머니이다. 건강만 하다면 여성인 어머니는 남성 노인보다도 혼자서 생활해 나가며 스스로 보살피는 경우가 많다. 대조적으로 남성노인의 경우는 식구들의 시중을 받기를 기대하고 홀로서 생활을 꾸려 나가지를 못하는 경우가 많다. 대개 성인 자녀 특히 딸과 며느리가 이분들을 시중하고 보살피게 된다.

장애가 있는 노인을 보살피고 지원하는 데는 많은 노력과 희생이 필요하다. 이분들을 보살피는 가족원들에게 심리적 침체, 근심·걱정, 좌절감, 불면증, 정서적 소진상태가 흔히 일어난다. 특히 떨어져 사는 자녀에게는 이러한 어려움이 더 한층 심화된다.

노환의 부모를 집으로 모셔와 함께 살도록 하느냐 아니면 다른 방도를 강구하느냐는 문제에 봉착한다. 함께 사는 경우에는 자녀의 직계 가족 – 처와 자녀들 – 의 생활에 변화가 일어나게 된다. 그들의 생활방식이 달라지고 사생활에 이상이 생길 수가 있다.

평생 살아온 집에서 떠나는 것은 가급적이면 삼가는 것이 좋다. 노부모가 사귄 친구들, 정든 이웃, 낯익은 생활환경 등을 버리고 다른 곳으로 떠난다는 것은 노경의 부모에게는 매우 어려운 일이다. 그러나 부모의 건강 악화에 따른 전문적이고 장기적인 요양의 필요, 가족 사이의 갈등, 자녀의 직장 사정, 노부모의 소원 등 때문에 부득이 별거하게 되고 요양원에 입원하게 되는 경우도 생긴다.

멀리 떨어져 사는 부모의 간호를 위하여 장거리 여행을 하고 이에 따르는 각종 경비를 지출하는 일은 경제적으로 쉬운 일이 아니다. 노환의 부모를 자녀가 사는 마을로 모셔 와서 같은 집 아니면 이웃에 거처하도록 하면 우선 경제적으로도 도움이 되며 무엇보다도 부모를 가까이 자주 접촉하면서 보살필 수가 있다. 의사를 찾고, 병간호를 하고, 가사를 돕는 일들이 훨씬 쉬워진다. 한편 지리적으로 가까이 사는 것이 가족 사이의 갈등을 조성하는 경우가 있다.

그러나 노부모와 손자녀 사이가 친밀하고 자녀 내외와의 사이도 친근하면 이러한 문제는 대수롭지 않을 수 있다.

별거하는 노부모에 대한 자녀의 제일가는 걱정은 그분들의 안전이다. 그리고 그분들이 어떤 질병이나 신체장애가 있을 때는 더욱 더 걱정을 하게 된다.

이분들을 보살피기 위해 가정부를 둘 수 있는데 가정부가 제공하는 서비스의 질, 그에게 지불할 임금, 그의 서비스의 신뢰성을 검토해야 한다. 그리고 부모가 사는 집 안의 안전을 위해 계단에 손잡이를 장치하고 문턱과 문지방을 낮추고, 미끄러운 바닥을 손질하고 실내 장치를 바꿈으로써 위험을 줄여야 한다.

부모가 양로원이나 노인요양원에서 단기적 또는 장기적으로 생활하는 경우가 흔히 있다. 이러한 시설에 입원한 노인들은 대개가 정신적으로나 신체적으로 어떠한 질환과 장애를 가진 분들이다. 직장을 가진 자녀가 아침부터 저녁까지 이분들과 함께한다는 것은 매우 어렵다. 따라서 노부모의 상태에 따라 전문적인 보살핌을 24시간 받을 수 있는 시설을 잘 선정해서 입원토록 하는 것이 가족에 따라서는 합당한 대안이 될 수 있다.

다음 장에서는 떨어져 사는 자녀가 노부모와의 물리적 거리를 극복하기 위해 이용할 수 있는 의사소통 수단과 미리부터 확보해 놓아야 할 정보에 대해서 알아보기로 한다.

6장

거리 문제를
극복하려는 노력

많은 한국인들은 복잡한 도시화된 산업사회에 살면서도 가족 사이의 친밀한 관계를 유지하면서 서로 보살피고 지원해 주려고 애를 쓴다. 그러나 많은 부모들과 자녀들이 떨어져 살기 때문에 이러한 노력을 하는 데 어려움을 겪고 있다.

그런데 통신, 교통수단이 고도로 발전하였고 사회복지서비스 전달 기술과 서비스의 방법이 나날이 발전되고 있다. 근년에는 정부와 민간단체의 지원으로 각종 서비스를 보다 많은 가족들이 받을 수가 있게 되었다. 이런 발전에 힘입어 새 시대에는 거리로 인한 문제를 상당한 정도로 극복할 수 있게 되었다.

우리는 발전된 통신기술과 서비스를 십분 활용해 가면서 가족의 어려움을 풀어 나가도록 노력해야 하겠다.

우리의 가족은 이미 달라졌다. 많은 성인자녀들은 부모와 따로 살면서 느슨하게 분산되어 사는 수정된 대가족을 이루고 있다. 과거와 같이 온 가족 성원들이 한 지붕 아래서 반드시 함께 살아야 하고, 가족 성원들 모두가 언제나 옆에 같이 살아야 하는 전통적인 가족생활 방식으로는 새 시대의 역동적으로 변하는 생활 조건들에 적응하기가 힘들게 되었다. 이러한 시대적 변동에 따라 이제는 가족 외의 다른 사람들－외부기관이나 시설의 서비스요원들－이 내 가족의 문제를 해결해 주는 것을 꺼려하는 보수적인 태도는 수정해야 하겠다.

물론 가족 상호 간의 지원은 앞으로도 계속 우리의 복지, 안녕, 안정을 위해 꼭 필요한 조건으로 남아 있을 것이다.

노부모가 필요로 하는 서비스들을 보면 어떤 것은 얼굴을 맞대고 제공해야만 될 서비스이다. 예를 들면 식사를 시중하고, 목욕을 시키고, 약을 복용토록 하고, 세탁을 해 드리고, 교통편을 제공하고, 병원에 모시고 가고, 금전출납을 정리해 드리는 일 등 수단적인 서비스들이 있다.

그런데 어떤 서비스들은 얼굴을 마주 대하고 하지 않아도 될 수 있다. 예로 정서적인 지원－걱정을 들어주고, 위안을 하고, 존경을 표현하고, 안부를 묻고 하는 등의 보살핌－은 전화와 이메일로서도 할 수 있는 보살핌이다.

이상적으로는 노부모와 동거하면서 위와 같은 정서적 보살핌과 수단적 서비스를 함께 해 드리는 것이다.

물론 거리가 먼가 또는 가까운가에 따라 이러한 서비스를 제공할 수 있는 정도에 차이가 있을 수 있고, 자녀들 개개인의 사정에 따라서도 제공할 수 있는 서비스의 종류에 변화가 있을 수 있다. 그리고 서비스의 정도와 종류는 부모의 건강상태 또는 장애정도에 따라서도 달라질 수 있다.

떨어져 사는 자녀는 정서적인 지원과 함께 재정적인 지원, 자문과 권고 등을 우편·전화·통신으로 전달하고, 위급한 경우(예: 사고, 입원, 사망 등)는 자주 일어나는 일이 아니며 만약 이런 일이 발생할 경우에는 현대의 교통수단(자동차, 기차, 비행기)편으로 신속히 부모를 찾아볼 수 있고, 필요할 때는 일정기간 동안 부모와 동거하면서 간호를 하다가 자기 집으로 돌아갈 수 있다.

이러한 방식으로 떨어져 사는 자녀는 가능한 범위 내에서 자녀로서의 책임을 수행할 수 있다.

그리고 매우 중요한 것은 가족 바깥의 서비스를 활용하는 것이다. 우리의 전통적 가족제도 하에서는 가족 내에서 가족끼리 모든 문제를 해결하고 가족의 문제는 외부에 알리지 않았으며, 가족 외의 사람들을 믿지도 않았고 더욱이 외부 사람이나 기관이 가족문제에 개입해서 서비스를 제공하는 것을 환영하지 않았었다.

이제는 이러한 전통적 관행이 달라지고 있다. 사회복지기관이나 자원봉사단체에서 서비스를 개발하여 개인과 가족에게 제공하기 시작했다. 이들 서비스는 가족끼리 주고받는 서비스들을 대신해서 정부와 사회가 가족의 복리를 위해 제공하고 있는 것이다. 그래서 노부모의 문제를 사회와 국가가 가족과 함께 대처하는 세상이 된 것이다. 앞으로의 효는 바로 이러한 방식으로 가족의 힘이 모자라는 부분을 사회와 국가가 보충해서 실천해 나가도록 해야 하겠다.

이러한 시대적 변화에 적응하면서 효를 실천해 나갈 수밖에 없는 새로운 사회적 환경에서 자녀들은 생활하고 있다.

여기에서 우리가 해야만 할 또 하나의 중요한 일은 부모와 가족의 복리를 위해 사회적 지원망을 개발하는 작업이다. 즉 필요할 때 도움을 제공할 수 있는 가족원들, 친척, 이웃, 친구, 종교단체와 봉사단체/그룹으로 이루어진 지원자들의 망을 형성해 놓는 것이다. 이러한 사회적 지원망에 대해서는 제2권에서 논의하였다.

| 거리를 극복하기 위한 노력

멀리 떨어져 사는 부모와 자녀가 지원관계를 유지하기 위해서는 어떤 방법으로든 서로 접촉을 해야 한다.

먼 곳에서 따로 사는 자녀는 부모와 직접 대면하면서 대화할 수 없기 때문에 앞서 지적한 대로 전화, 편지, 무선통신을 사용하거나 교통편을 이용하여 직접 방문해서 접촉할 수 있다. 물론 어떠한 방식으로 전화, 편지, 무선통신을 하는가 그리고 얼마나 자주 어느 정도로 길게 방문을 하느냐에 따라 이러한 노력의 질이 달라질 수 있다.

역시 전화를 제일 많이 사용한다. 떨어져 사는 자녀는 편지도 흔히 사용한다. 그런데 편지는 주고받는 사람들 사이에 상호작용이 거의 없이 하는 단순한 방법이다. 방문의 경우 명절, 공휴일, 휴가, 부모와 가족의 생일, 결혼식, 졸업식 때 다른 가족과 함께 부모를 만나 일정기간 동안 함께 생활을 한다. 어떤 자녀는 가족 행사가 있을 때는 거의 정기적으로 부모를 방문한다. 그리고는 선물이나 물건을 보내는 방법도 때에 따라 사용한다.

다음에서는 전화, 통신 및 방문을 하는 방법에 대해서 논의해 보고자 한다.

| 전화를 통한 지원

대다수의 떨어져 사는 자녀는 전화로 부모와 접촉을 한다. 여러 가족이 부모를 방문하면 으레 복잡한 분위기를 조성하여 모처럼 만난 부모님과 조용히 이야기를 하기 어려운 경우가 많다. 이런 분위기에서보다도 떨어져 있으면서 부모에게 전화를 해서 집중적으로 가슴 속에 품고 있는 심정을 이야기로 나눌 수 있다.

오늘날 전화는 거의 모든 가정들과 개인들이 가지고 있는 통신수단으로서 이를 사용하여 부모와 정답고 친밀한 대화를 할 수 있다. 전화는 상당히 강력한 커뮤니케이션(대화)의 매개체가 될 수 있다. 예로 멀리 떨어져 있는 자녀가 부모에게 전화를 하여 "요사이 부모님 생각을 더 자주 하고 있습니다. 저를 위해 두 분이 애쓰시고 도와주신 것을 생각하면 정말 고마운 말씀 어떻게 다 드릴 수가 없습니다"라고 전한다면, 어느 부모이고 감동하고 만족하며 행복감에 찰 것이다. 전화로 하는 이 한마디는 서로 대면해서 몇 시간을 같이 대화하는 것에 못지않게 부모와 자녀 사이의 관계를 더 친밀하게 할 수 있을 것이다.

전화가 가지는 문제점도 있다. 상대의 모습을 보지 못한다는 것이다. 시각적인 대화, 즉 상대방에게 비언어적 표현, 몸짓, 접촉, 표정, 태도를 보여 줄 수 없기 때문에 대화에서 친밀성을 높이는 데 한계가 있기도 하다. 그리고 전화는 대개 어떤 주제에 초점을 두고 집중적으로 짧게 대화를 하기 때문에 양편의 일상생활 전반에 걸쳐 자세하게 이야기를 나누기가 어렵다. 노인들은 전화가 비용이

들기 때문에 꼭 필요한 이야기만 하고 전화로 오랫동안 여유 있게 통화하기를 꺼려한다.

상대방의 얼굴을 보면서 전화를 할 수 있는 전화기와 핸드폰이 개발되어 사용되기 시작했다. 이런 편리한 전화기를 앞으로 떨어져 사는 부모·자녀가 많이 사용할 것으로 본다.

일정한 기간마다 정기적으로 하는 전화 통화에서는 그동안에 일어난 일들, 애정의 표현 등에 초점을 둔다. 어떤 문제를 해결해야 하거나 중요한 의사결정을 하는 데도 통화를 한다. 문제해결을 하는 데는 감정이 작용하며 서로 간의 갈등도 발생한다. 전화로 문제를 해결 못하면 부모를 직접 방문하여 대면해서 해결할 수 있다.

전화로 여러 가지 주제에 관해 이야기를 나눌 수 있다. 예로 가족에 관한 것, 개인적 일이나 문제, 여행·건강 문제, 직장이나 직업에 관한 것, 새 소식, 부모를 방문할 계획, 재정에 관한 일, 정치 문제, 물건구입 등이다. 부모와 여러 가지 주제에 걸쳐 전화로 대화하는 자녀는 별거생활에서 오는 문제를 상당한 정도로 극복할 수 있고, 서로의 생활을 더 잘 이해하고, 더 많은 정보를 교환하면서 친밀한 관계를 유지해 나갈 수 있다.

그러면 얼마나 자주 전화를 해야 하는가?

전화를 자주 한다 해서 반드시 부모와의 친밀성이나 애정이 증대하는 것은 아니다. 저자가 알아본 바에 의하면, 부모와 떨어져 사는 성인자녀들 가운데 약 절반은 일주일에 한 번씩 부모와 대화하는 것으로 나타났다. 그리고 전화를 시작하는 측은 반반, 즉 부모가 시작하는 경우가 반이고 자녀가 시작하는 경우가 반이다. 2주일에 한 번이나 한 달에 한 번 하는 경우가 반이 되었다.

거리가 멀면 전화 통화를 하는 횟수가 준다. 부모의 건강이 악화되면 전화를 더 자주 하게 된다. 전화요금이 많이 나오면 전화 횟수가 줄어든다. 전화통화의 시간적 길이는 서로 간의 습관이나 하루 어느 시간에 하는가, 가족 가운데 누가 병이나 위기에 처해 있는가에 따라 다르다. 보통은 10분에서 20분 정도 통화를 하고 있다.

부모·자녀가 전화로 대화할 때 가끔 상대방에 대한 오해가 생기거나 대화의 내용이 옳게 전달이 안 되어 실망하고, 분노하고, 스트레스를 느끼는 수가 있다. 원래 대화에는 애매한 표현이 섞일 수 있으며 듣는 이에 따라 대화 내용에 대한 해석이 다를 수 있다. 부모·자녀 사이에 해결되지 않은 문제가 있을 경우에는 대화에 문제가 따를 수 있다. 그리고 부모·자녀는 서로 비현실적으로 상대에게 무리한 기대를 하는 수가 흔히 있다. 지나친 기대를 하면 그 기대가 이루어지기가 어렵다. 부모나 자녀가 어떤 도움이나 정서적 지지를 호소할 때 이를 충족해 주지 못하면 실망하게 된다.

흔히 부모를 방문할 계획에 대해서 양편에 기대 차가 생긴다. 부모는 자녀가 곧 방문해 줄 것으로 기대하는데, 자녀는 곧 방문을 할 계획을 세우기가 어려울 수가 있다. 이런 경우 전화를 통한 대화에서 서로의 기대와 형편에 사로잡혀 이야기를 하는 가운데 오해를 하는 수가 있다. 통화 중에 한쪽이 대화를 독점하거나 상대방의 말을 가볍게 듣는 경우가 있다. 이런 경우 대화의 균형을 이루기가 어렵다.

"어느 편이나 상대방의 이야기를 주의 깊게 들어주는 것이 장거리 전화를 성공적으로 하는 방법이다."

한쪽이 상대방에게 중요한 정보를 감추고 이야기하지 않는 경우도 있다. 가까이 사는 누이나 형에게는 알려 주고 멀리 사는 부모에게는 알리지 않는 수가 있다. 정보를 감추는 이유는 대개가 그런 정보를 부모에게 알리면 걱정을 끼칠까 염려하기 때문이다.

부모에게 말하고 싶은 모든 것을 전화만으로는 할 수 없다. 떨어져 사는 자녀가 가장 어렵게 느끼는 것이 부모와 얼굴을 마주 대고 일상생활에 대해 자세하게 이야기를 나누지 못하는 것이다.

떨어져 사는 자녀는 부모의 건강을 걱정하지만 먼 거리 때문에 어쩔 수 없어 좌절하고 무력감을 느낀다. 노령의 부모는 자녀에게 지원을 호소하지만 멀리 떨어져 사는 자녀들이 제공하는 지원에는 한계가 따를 수밖에 없다.

우리나라는 다행히 국토가 좁고 교통이 발달하여 부모·자녀 간의 거리는 대개의 경우 하루 사이에 방문했다가 돌아올 수 있는 거리이다.

전화를 할 때 다음과 같은 사항들을 염두에 두는 것이 좋다.

〈전화통화와 비용〉

떨어져 사는 부모에게 어느 정도로 전화를 자주 해야 하는가? 매일 한 번, 일주일에 한 번 또는 2주마다 한 번 하느냐의 문제는 자녀와 부모의 사정, 경제력, 부모의 건강상태 등에 따라 다를 수 있다. 때에 따라서는 하루에도 몇 번씩 부모에게 전화를 하는 경우도 있다.

전화는 미리 준비만 하면 친절히 다정하게 대화를 하면서도 짧은 시간에 필요한 말을 전할 수 있다.

전화를 하기 전에 전달할 내용을 잘 생각해 두고, 가능하면 전화요금이 낮은 저녁 또는 주말에 하고 장거리 전화요금이 낮은 전화카드를 사용해서 요금을 낮출 수 있다.

〈전화통화의 주요내용〉

* 부모가 일상생활에 필요한 활동을 하고 계시는가?
* 의사가 처방한 약을 정기적으로 복용하시는가?
* 약의 부작용이 생기지 않는가?
* 의사와의 약속을 지키시는가?
* 시력과 청력 검사를 하시는가?
* 생활환경에 적응하고 계시는가?
* 최근에 일어난 일을 잊어버리시지 않는가?

위와 같은 항목들에 관한 정보를 기록해 두고 지속적으로 검토해 나가는 것이 좋다. 그리고 부모의 담당의사에게 자신의 전화번호와 주소 및 이메일을 알려 주고 부모의 상태에 대해서 서로 연락을 할 수 있도록 해 놓아야 한다.

〈이메일(e - mail)의 활용〉

고령의 부모들도 요사이는 컴퓨터를 사용하며 이메일로 자녀와 친구들과 통신을 하는 분들이 많아지고 있다.

이메일로 하는 통신은 비용이 적게 들거나 거의 무료로 할 수 있다. 그리고 통신을 신속히 언제나 필요할 때 그리고 편리할 때 할 수 있다. 게다가 통신의 내용을 길게도 할 수 있고 짧게도 할 수 있으며, 통신 내용에 대해서 상당한 정도로 비밀을 지킬 수 있다는 장점이 있다. 그리고 국경이 없이 온 세계로 보낼 수 있다. 또한 이 방법으로 일시에 같은 내용의 통신을 수많은 사람들에게 보낼 수 있다.

이제는 상대방의 얼굴을 보면서 이메일을 하는 기술이 개발되어 사용되기 시작하였다.

앞으로 부모와 가족 사이의 통신을 하는 데도 이런 방법이 많이 활용되기를 바란다.

부모님에게 선물로 컴퓨터를 마련해 드리고 이메일을 하는 비교적 간단한 방법을 알려 드리는 것이 떨어져 사는 부모와의 대화를 쉽게 함은 물론 부모님에게 편리한 통신수단을 제공해 드리는 하나의 수단적인 효행이 된다고 본다.

| 방문을 통한 지원

부모를 휴가 때나 방학 때에 방문할 수 있고 또 예정 없이 방문할 수도 있다. 방문은 일정한 거리를 여행하여 도착한 후 단기간 또는 장기간 머물면서 숙식을 함께하게 되므로 사전에 계획하고 연락을 해 놓아야만 한다.

얼마나 자주 부모를 방문하느냐의 문제는 자녀의 효심과 주변 사정에 따라 다를 수 있다. 명절마다 부모를 방문하는 사람들이 반수 이상인 것으로 보인다. 나머지 반은 일 년에 한 번 또는 두 번 찾는다. 다수의 부모는 자녀가 자라난 시골에 살고 있기 때문에 고향을 찾는 귀성(歸省)이 곧 부모를 방문하는 것이 된다. 서로 간의 거리, 부모와 자녀의 건강, 가족에 대한 의무감, 직장의 근무조건, 자녀의 결혼상태 등 요인에 따라 방문하는 횟수가 달라진다.

자녀 측의 사정에 따라 방문 횟수가 좌우될 수 있다. 자녀의 건강문제는 방문을 하는 데 지장을 줄 수 있다. 가족에 대한 책임감 또는 의무감의 정도에 따라서도 달라질 수 있다. 그리고 근무조건이나 근무처 사정 때문에 방문을 자주 못하는 경우가 생긴다. 결혼 후 아이가 생기면 방문이 어려워질 수 있으며 부모에게 아이를 보여 주기 위해서 방문을 자주 하게도 된다.

방문 기간은 부모의 기대와 주변사정에 따라 달라진다. 부모는 대개 자녀가 방문해 오면 오랫동안 머물기를 원한다. 시골에 사는 부모의 경우 서울 자녀 집을 방문하면 일주일에서 5일 정도 머물렀다 돌아가는 것이 상례이다. 방문을 하기 전에 서로 계획을 해야 한다. 자녀는 직장 사정을 감안해야 할 것이고 부모는 시골의 농사일이나 다른 자녀를 방문하는 계획 그리고 지역사회의 행사, 친구와의 모임 등과 차질이 없도록 하는 것이 좋을 것이다. 요사이는 방문하는 기간을 사전에 서로 조정하지 않으면 상대방에게 폐가 될 수 있다. 어떤 자녀는 직장이나 부부간의 사정 때문에 부모가 짧은 기간 동안만 머물렀다가 고향에 돌아가기를 원한다.

서로 만나면 애정과 즐거움 그리고 행복감을 표현한다. 결혼한 자녀의 경우 친가와 처가가 같은 고장에 있을 때는 양가를 모두 방문해야 할 의무를 가져 스트레스를 느낄 수 있다. 만나면 서로 적응하는 시간을 갖도록 해야 한다. 함께 산보를 하거나 오락을 하거나 쇼핑이나 구경을 가거나 바둑이나 장기를 둘 수 있다. 부모·자녀 사이에 생활스타일이 다르고 활동 수준도 다를 수 있기 때문에 적응에 힘이 드는 수가 있다. 노부모는 흔히 손자녀가 여행으로 정기적인 생활리듬을 잃어 지나친 요구를 하거나 귀찮게 하면 이를 참는 데 힘겨울 수가 있다.

그러나 함께 머무는 동안 부모·자녀 간에 정서적인 결합이 이루어지고 애정이 두터워지며 서로 보살피는 관계가 강화되어 상호 의존적이고 지원적인 가족관계가 공고히 된다. 특히 부모가 자기 자녀인 손자녀와 애정을 나누는 장면을 보고 자녀는 만족한다.

방문이 끝나고 작별할 때는 불안하고 걱정스럽다. 부모의 건강이 나쁠 경우에는 부모의 앞날을 염려하고 침울한 분위기 속에서 떠나게 된다. 이들은 작별의 슬픔을 다음 방문을 계획함으로써 잊어버리려 한다. 그리고 부모는 그들의 방문을 만족스럽게 여기고 앞으로 자주 와서 오래 있다가 가기를 희망한다. 아이들이 직장에서

나 사회에서 할 일이 많아 자기 집으로 돌아가야 한다고 이해는 하면서도 좀 빨리 돌아와 좀 더 많은 시간을 함께 보내 주기를 마음속에서 바란다.

| 우편과 전신을 통한 지원

편지를 통해서 개인의 뜻과 정보를 다른 사람에게 전하는 방법은 오랜 세월 동안 사용되어 온 의사소통 수단이다. 떨어져 사는 자녀가 사용할 수 있는 하나의 긴요한 방법이다.

그런데 편지는 직접 얼굴을 마주 대하고 대화를 할 수 없어 상대방의 느낌이나 태도를 알 수 없고 상대방에게 도달하는 데 시간이 걸리기 때문에 신속히 통신을 하지 못하는 단점이 있다.

그래도 편지는 직접 대화를 하면서 말하기 어려운 점, 마음속 깊이 잠겨 있는 심정이나 뜻을 상대방에게 자세히 전달하는 데 편리한 방법이다. 어떤 사람들은 편지를 통해서 가족과 중요한 사항에 관해서 의논하고 결정된 것을 알린다.

편지는 또한 감사의 뜻이나 축하의 뜻 그리고 위로나 조의를 전하는 데 제일 많이 사용되고 있다. 떨어져 사는 부모에 대하여도 이러한 목적으로 편지를 사용할 수 있다.

전화를 사용하면서도 편지를 보내게 되면 부모와의 의사소통 및 정보교환이 더 다양하고 폭넓게 될 수가 있다. 그리고 매우 먼 거리에 떨어져 사는 자녀는 전화요금이 많이 들어 편지를 쓰는 경우가 많다. 오늘날 발전된 무선통신 기법(이메일, 팩스 등)이 있는 데도 편지는 여전히 사용되고 있다.

이메일과 팩스는 장점이 있으나 아직까지는 노인들의 대다수가 이 방법을 사용하고 있지 않거나 이 기법에 익숙하지가 못하기 때문에 자녀들은 선별적으로 사용해야 한다.

부모 주변의 젊은 사람들에게 이런 기법으로 부모에게 보낼 정보를 통신해서 이들이 부모에게 전달하도록 하는 방법이 있다. 최근에는 이 무선통신 수단을 사용하는 노인들이 많아졌다.

| 외국에 주재하면서 하는 지원

한국은 경제대국으로서 전 세계에 걸쳐 광대하게 교역을 하는 나라이다. 그래서 각종 회사들의 기술자, 근로자 및 경영인들, 정부의 외교통상사절, 그리고 중장기로 해외에 체류하는 과학자, 예술인, 기타 방문자들이 세계 여러 나라에서 활동하고 있다. 이들의 수는 해마다 늘고 있다. 부모와 가족원들과 상당히 오랜 기간 떨어져 외국에서 사는 매우 커다란 한국 사람들의 집단이 형성되고 있는 것이다.

이들이 멀리서 고국의 노부모와 가족원을 지원하는 데 대해서 논의해 보고자 한다.

떨어져 있는 국내의 도시나 지방에서 부모를 지원하는 것이 힘든 일이라고들 하지만 외국에서 먼 고국의 가족원을 지원하는 일은 이보다도 훨씬 어려운 것이다. 국제적으로 지원을 하는 데 있어 거리 문제는 참으로 심각하다.

위급할 때에는 갑자기 그곳을 떠나 고국을 방문해야 하고, 방문하는 데 여비가 많이 들고 장거리전화요금이 엄청나고 고국의 가족원과 커뮤니케이션을 하는 데 어려운 점이 많다. 부모님이 위중할 때 귀국해서 부모님 옆에서 시중을 못하면 커다란 죄의식과 정신적인 고통을 받게 된다.

외국에서 고국의 가족원을 지원하는 데 있어 몇 가지 방법을 생각해 볼 수 있다. 개인의 사정에 따라 여러 가지 대안들이 나올 수 있고 입수할 수 있는 서비스들도 여러 가지 있을 수 있다.

외국에 주재해 있는 자녀가 고국의 가족원에게 지원을 하는 경우를 생각해 보자.

외국에 가 있으면서 고국에 남아 있는 가족원들에게 지원을 보내는 경우는 다음 사항을 알아 두면 좋다.

* 근무하는 회사, 단체 또는 정부기관과 맺어 둔 근무계약서에 기록되어 있는 법적, 재정적 대우, 보험 및 복지에 관련된 규정을 재검토한다.
* 만약 노부모와 가족원이 외국에서 당사자(자녀)와 동거할 경우 그 나라의 의료보험의 혜택을 받을 수 있는지, 사망 시에 장례비를 지불하는 보험에 가입할 수 있는지, 그리고 고국으로 유해를 운송하는 데 필요한 비용도 지급하는지 등에 관하여 알아본다.
* 법적 서류를 정비해 둔다. 외국에서 활동하는 자녀는 위급할

때 자기 소유 재산을 처분할 책임이 두 가지 있다. 하나는 고국에 남겨 둔 재산을 처분하는 책임이고 다른 하나는 외국에서 소유하는 재산을 처분하는 책임이다.

* 주재하는 외국에서 가족원이 받을 수 있는 각종 혜택과 서비스에 대해서 알아 둔다. 어떤 서비스는 구입해야 하는데 그 서비스의 비용이 얼마가 되는지 알아 둔다.
* 외국의 의료혜택이 불충분하거나 의료보험 혜택을 받을 수 없을 때는 본국으로 돌아와서 의료서비스를 받는 수속을 취한다.
* 출입국에 대비해서 여권과 비사를 준비해 놓는다.

〈비공식 지원망의 활용〉

고국을 떠나 외국에서 생활하는 자녀에게는 고국에 있는 친척, 친구 및 회사/직장의 동료로 이루어진 지원망이 가장 중요한 지원 출처가 된다. 그래서 노부모 가까이 사는 친척과 친구가 제일 먼저 도움을 줄 수 있는 사람들이다. 이들은 자녀와 노부모를 치료하는 치료/봉사전문인들 사이에서 중개 역할을 하면서 노부모의 상태를 정확히 알려 줄 수 있는 사람들이다. 따라서 자녀는 이들과 긴밀하게 연락을 취해야 한다.

이들과의 커뮤니케이션은 주재하고 있는 현지 사정에 따라 상당히 복잡할 수가 있다.

대체로 다음 사항을 참고로 해서 교환을 하는 것이 좋다.

* 지원망의 구성원들을 다시 점검해서 필요하면 새 멤버를 넣어 재편성한다.
* 지원망 구성원들과 적어도 한 달에 한 번 접촉을 한다.
* 지원망 구성원에게 노부모를 위한 서비스를 제공할 수 있는 단체와 그룹을 알려 달라고 부탁을 한다. 부모와 가족원들이 사는 곳 근처에 있는 병원, 보건시설, 노인복지관, 장기요양원 등 서비스제공단체들의 주소와 전화번호를 알려 달라고 부탁을 한다. 이에 대한 정보를 얻으면 곧 '돌봄수첩'에 기입해 둔다.
* 이들에게 연락을 취하는 최선의 방법(전화, 이메일, 편지, 전보, FAX, 또는 인편)을 파악해 둔다.
* 필요하다고 생각하면 주요 연락대상자에게 수고료를 지불하여 만약에 위급한 상황이 일어나면 즉시 연락을 해 주도록 인센티브를 제공한다.

해외거주 한국인들은 해당 나라에 주재하는 한국의 대사관과 영사관에서 현지는 물론 고국에서 입수할 수 있는 가족의 복리를 위해 도움이 되는 정보와 서비스를 알아 둔다.

7장

부모가 위급할 때 할 일:
긴급방문, 자산기록 정리, 유언장 작성

멀리 떨어져 사는 자녀는 부모가 위급한 상태에 처했을 때 시급히 그분들을 방문해서 보살펴 드려야 한다. 이를 위해 장거리 여행을 해야 한다.

여행은 정신적으로나 육체적으로 힘든 일이며 비용이 든다. 여행을 하기 전에 계획을 잘 짜면 여행 방법들의 장점과 단점을 파악할 수가 있다. 그러나 위급할 때는 이런 계획을 하기가 어렵다.

위급한 때는 어떤 경우인가?

이 장에서는 급히 부모를 방문하기 위한 여행을 해야 할 때와 그런 여행을 하지 않아도 될 때를 구별하는 실제적 방법에 대해 생각해 보고자 한다.

사정이 허락한다면 여행경비를 절약하기 위해 방문을 연기할 수도 있다. 여러 가지 교통수단들을 비교해서 목적지에 경비를 덜 들이고 도착하는 방안을 선택할 수 있다.

다음에서 이런 선택을 하는 데 대해서 구체적으로 알아보기로 한다.

| 언제 방문을 해야 하는가?

부모와 멀리 떨어져 있기 때문에 부모를 언제 방문해야 할지를 잘 모를 때가 많다. 멀리 살면 부모님의 건강상태를 정확히 살피기가 쉽지 않다. 전화를 통한 대화로는 잘 알 수가 없다. 부모님이 자기의 건강상태에 대해서 정확히 설명하지 못하는 경우가 있기 때문이다. 자녀가 걱정을 할까 염려가 되어 자기들의 질병상태를 잘 알려 주지 않는 경우도 있고 또 어느 경우에는 자녀를 빨리 만나고자 상태를 과장해서 말하는 경우가 있을 수 있다.

〈위급할 경우〉

다음의 어느 한 가지라도 발생하면 떨어져 사는 부모를 즉시 방문해야 한다.

* 부모의 상태가 의학적으로 위급해서 의사가 자녀의 출두/입회를 요청할 경우
* 부모가 화재나 자연적 재해를 당할 경우
* 가족원이나 친구가 노부모의 건강상태가 급속히 나빠졌다고 알려 올 경우
* 아무도 노부모와 접촉을 할 수 없는 경우
* 부모를 돌보는 사람으로부터 부모가 건강을 유지하는 데 필요

한 요건들을 갖추지 못하고 있다는 연락이 있을 경우
* 부모님이 약물 과용, 자동차 사고 또는 낙상(넘어짐)으로 중상
  을 입었을 경우

이러한 위급한 상황에 부딪칠 경우 적어도 다음의 두 가지 사항
을 염두에 두어야 한다.

첫째, 노부모를 즉시 방문하는 일
둘째, 위급한 상황을 발생시킨 문제를 해결하는 일

그 다음에는 다음 사항들을 고려해 본다.

* 부모님을 방문하는 데 비용이 많이 들지 않는 교통수단
* 부모님이 필요로 하는 치료 및 보살핌의 유형과 이를 제공해
  줄 수 있는 사람들
* 입수할 수 있는 서비스
* 부모님을 다른 곳으로 옮겨 모시는 일

〈위급하지 않을 경우〉

부모님의 상태가 위급하지가 않을 경우가 있다. 흔히 노인이 자
기의 개인적 판단에 따라 자신의 건강상태를 판단할 경우 실제 상
태와 차이가 생길 수 있다. 즉 실제 상태를 숨기거나 자녀가 빨리

오도록 상태를 과장 또는 조작하는 경우가 있을 수 있다. 어떤 자녀는 부모님의 상태가 어떻든 연락을 받으면 죄의식에서 즉시 방문여행을 떠날 것이고 어떤 자녀는 냉정히 상황을 알아본 후에 즉시 방문하지 않아도 된다고 판단하여 방문을 연기 또는 중단할 수가 있다. 그러나 만약 상태가 악화하여 위기에 이르면 이런 판단은 큰 실책이 될 수 있다.

위급하지 않을 경우를 생각해 보자.

위급하지 않을 경우에는 적어도 다음과 같은 여러 가지 사항들을 고려해야 한다.

이들 사항에 대해서 알아보고는 방문여행을 즉시 해야만 하는가 아니면 연기할 수 있는가 결정을 내릴 수 있다.

* 누군가 부모님을 치료해 줄 수 있는가? 비공식적 지원망이 마련되어 있으면 이 지원망에 속하는 멤버들을 먼저 활용할 수 있다.
* 방문여행을 할 재정적 능력이 있는가? 여행을 연기함으로써 얼마를 절약할 수 있는가? 여행을 하여도 가정살림에 지장이 없는가?
* 직장에서 휴가를 받을 수 있는가? 아니면 무급으로 방문여행을 할 수 있는가? 여행기간 동안 대리근무를 할 사람을 구해야 하는가?
* 여행기간 중 아이들과 배우자를 돌보기 위해 특별한 조치를 취해야 하는가?
* 여행을 하기 전에 돈을 지불해야 하든지 특별한 사무 처리를

해야 할 일이 있는가?

* 머지않아 부모님을 또 방문해야 하는가? 그렇다면 짧은 기간 동안의 여행을 두 번 할 수는 없는가?

* 부모님을 방문하지 않는다면 어떤 일이 일어날 수 있는가?

* 당면한 상황을 보아 방문여행을 즉시 해야만 한다면 여행 방법에 대해서 자세히 알아 두는 것이 좋다.

| 부모님을 찾아가는 방법

부모님이 계시는 곳으로 가는 최선의 여행방법을 생각해 본다. 자동차 여행은 비교적 단기간의 여행, 즉 3~4시간이 걸리는 여행에 적당하다. 기차와 버스는 경비가 많이 안 들고 부모님이 계시는 도시로 빨리 갈 수 있다면 적당한 대안이 될 수 있다. 부모님이 수백 리 밖에 거주하는 경우에는 비행기 여행이 알맞다.

자동차로 방문할 경우에는 다음 사항들을 참고로 하는 것이 좋다.

* 믿을 수 있는 자동차 수리점에서 자동차의 전반적인 컨디션을 점검한다.

* 행선지의 도로사정과 일기예보를 알아 둔다.

* 자동차를 대여(리스)해야 할 경우는 노부모가 위급한 상태에 있어 여행을 하게 됨을 알린다. 대여회사에 따라서는 이럴 때

리스요금을 활인해 주는 경우가 있다.

* 자동차 대여회사들이 제시하는 요금을 비교해 본다.
* 대여할 차의 총 주행거리 또는 일당 주행거리별 대여조건을 대조해 보고 유리한 편을 선택한다.
* 개인적으로 자동차 보험에 들어가 있으면 대여자동차를 위한 보험을 살 필요가 없다.
* 자동차를 반환할 때 연료탱크를 채운다.
* 매우 피곤하거나 화가 날 때는 운전을 삼간다.

기차나 버스를 이용할 때는 다음을 참고한다.

* 철도청이나 여행사들이 제시하는 목적지까지의 운임을 비교해 보고 중간에 정차하는 곳이 몇 군데가 되는지 알아본다.

비행기를 이용할 때는 다음 사항에 대해 알아본다.

* 가급적 일주일 전에 비행기표를 구입하면 보다 저렴한 가격에 구입가능하다.
* 가능하면 주말에 비행을 하지 않음으로써 요금을 낮출 수 있다.
* 신문광고란의 할인비행기 편을 이용한다.

<출발 전 유의사항>

이러한 방문여행에 관련된 일들을 혼자 해 나가야 할 경우가 있는데, 가능한 한 자신의 지원망에 속하는 멤버들의 도움을 받아 진행하는 것이 좋다. 방문여행 동안에 해야 할 일들을 자세히 적어 놓고 그 일들의 우선순위를 정해 둔다. 이런 일들을 '돌봄일지'에 기록해 두고 이 기록에 따라 방문여행을 준비하고 실행한다.

그리고 방문할 곳에 있는 지역사회복지단체, 지역사회봉사그룹 등에 대한 정보를 얻는다. 지원을 해 줄 사람들에게 연락해서 여행 계획에 대한 그들의 조언과 의견을 들어 본다. 가능하면 이들과 식사를 같이하면서 그들이 제공할 수 있는 도움을 요청한다.

일단 방문을 하면 부모님의 돌봄을 위한 계획을 한 번에 다 수행하기보다는 매일 하나둘씩 체계적으로 해 나가는 단계적 접근이 효율적이다. 보살피는 동안에 새로운 일들이 발생할 수 있다. 즉 모든 일을 한 번에 다 처리할 생각을 하지 말고 일의 중요도, 경중(輕重) 등에 따라 다음 방문 때 하도록 연기할 수 있을 것이다. 이렇게 나누어 한두 가지 일에만 집중하여 그 일을 수행함으로써 실망과 좌절감을 갖지 않을 수 있다.

| 방문 중에 할 일

부모님의 상태가 위급하지 않아 대화를 할 수 있으면 다음 일들을 해 나간다.

먼저 부모님 자신에 관한 문서/기록 파일을 마련하도록 도와 드린다.

자신의 법적 및 재정적 기록을 정리하는 것은 쉬운 일이 아닌데, 부모님의 이런 기록을 작성하기는 더욱 쉽지 않은 일이다. 그러나 내가 아니면 가족원들 가운데 누군가가 이 일을 도와 드려야 한다.

〈부모의 인적사항 파일〉

* 성명, 생년월일, 출생지
* 주민등록번호
* 법적 거주지 주소
* 배우자와 자녀의 성명 및 주소(사망자가 있을 경우 사망증명 발행구청/면사무소 소재지)
* 출생증명, 혼인증명, 이혼증명 등을 발행하는 구청/면사무소 소재지
* 근무처, 고용단체, 고용주, 근무기한
* 소속교회, 절, 기타 종교단체, 신부, 목사, 스님의 성명
* 제휴하는 단체명과 회원 자격
* 받은 포상 및 표창
* 가까운 친구, 친척, 의사, 변호사, 재정상담자의 성명, 전화번호, 주소 및 e-mail주소
* 사망 시 선택하는 매장 방법 및 매장 준비상황

특히 재정사항 파일은 별도로 아래와 같이 작성해 두는 것이 편리하다.

〈재정사항 파일〉

* 소득 원천 및 소유 자산(연금, 이자수입)
* 사회보장수당 및 의료보험
* 투자(주권, 증권, 건물 등 자산)에서 얻는 소득
* 보험(생명, 의료, 자산에 대한)
* 은행 계좌(입출식, 저축, 신탁)
* 귀중품 보관소의 주소
* 최근의 납세증명서류 보관장소
* 부채 상황(채권자 및 부채액)
* 저당물 및 담보액(지불방법 및 지불일자)
* 신용카드(번호) 및 지불은행(명)
* 재산세 지불증서
* 소유하는 보석 및 가정보물의 명칭 및 소재지

이 파일에는 유언과 증권 증명이 포함되어 있지 않다. 유언에 대해서는 아래에 기술한다.

〈유언을 작성할 준비〉

부모님과 유언에 관한 상의를 하고 가능하면 변호사를 선정해서 유언 내용의 공증과 기타 법적으로 필요한 절차를 밟도록 한다.
부모님의 법적 · 재정적 및 보험에 관한 일에 대해 직접 부모님과 이야기를 한다.

부모님과 유언에 관한 상의를 한다는 것은 어려운 일이다. 물론 부모님이 영원히 생존해 계시기를 바라면서 진행하는 작업이다. 부모님으로서도 자기들이 세상을 떠나면 소유하고 있는 재산, 현금 및 특별한 소유물을 그분들이 원하는 대로 자녀와 특정한 사람이나 단체에 분배되기를 소원하고 있다. 이러한 분배를 하는 데 가족원에게 폐가 되지 않기를 바라고 있을 것이다. 일단 부모와 유언에 대한 이야기가 진행되면 자녀는 솔직하게 자기들의 소견을 구진하는 것이 좋다.

유언은 법적 절차를 밟는 것이 현명하다.

첫째, 변호사를 개입시키는 것이다. 아는 변호사가 없으면 신임할 수 있는 변호사를 찾는다. 그런데 변호사를 만나기 전에 다음과 같은 작업을 해 두는 것이 옳다.

* 부모님의 유언에 관한 사항들을 글로 적어 둔다. 즉, 문서화한다.
* 소유재산의 명세서를 작성한다. 즉 소유하는 물건, 주권, 증권, 현금, 부동산 등을 기록한다.
* 유언 집행자를 선정하는 것이 좋다. 가족에 따라서는 유언집행자가 할 일이 매우 복잡하고 힘이 든다. 그래서 보수를 주어야 한다. 적당한 유언 집행자를 찾지 못하면 변호사가 집행하도록 할 수 있다.
* 흔히 증인들을 둔다. 증인은 유산을 받는 사람들이 아니다. 증인에 관해서는 변호사나 유산집행자와 상의하는 것이 좋다.
* 일단 유언을 작성하면 안전한 보관소나 보관함에 넣어 둔다.

변호사가 유언의 복사판을 한 통 가지고 부모님도 복사판을 한 통 가지면 된다. 가족원들의 대표가 유언장이 보관된 곳을 알고 있도록 한다.

* 부모님으로 하여금 수시로 유언 내용을 검토하도록 권유한다. 부모님의 생활에도 변동이 있을 수 있고 부모님의 재산을 남겨 줄 의사도 때가 지나면 달라질 수 있다. 손자녀가 출생하고 부모님이 소유하는 재산이 증식하고 지금까지 나타나지 않았던 재산이 들어날 경우도 있을 것이다. 그리고 부모님이 새로운 결단을 내려 재산의 일부를 사회복지와 장학을 위해 지역사회공동체나 학교에 기부하게 될 수도 있다. 따라서 부모님은 정기적으로 유언을 재검토해야 하며 자녀는 그렇게 하도록 조심스럽게 권유하는 것이 옳다.

부모님의 유언에 관해서 자녀가 왈가왈부하는 것은 어려운 일이다. 그러나 가족 전체의 복리를 위해서 그리고 무엇보다도 부모님의 참뜻이 이루어지도록 하기 위해서는 진언을 하는 것이 옳다. 부모님의 유언은 거의가 자기들이 일평생 사랑하고 보살피던 자녀를 위해서 무엇인가를 남겨 주려는 정성에서 이루어진 약속이기 때문에 그런 방향으로 되어 가도록 자녀는 존경심과 애정으로 그분들을 도와 드려야 한다.

유언에 관한 작업을 진행하는 과정에서 다른 사람의 도움이 필요한 부분이 나오면 이를 '돌봄수첩'에 적어 둔다. 그리고 부모님과 변호사 및 유언 집행자와의 대화에서 파악한 새로운 사항들을 기록하고 앞으로 이들과 상의할 준비자료를 마련해 둔다. 가능하면 중요한 서류는 복사를 해 둔다.

이러한 절차를 밟음으로써 부모님이 세상을 떠난 후 법정에서 취해야 할 복잡한 상속수속을 피할 수 있다. 요사이 흔히 볼 수 있는 가족원들 사이에 일어나는 상속문제를 둘러싼 갈등과 충돌은 대부분이 이런 절차를 부모님 생전에 취하지 않는 데서 생기는 것이다.

〈그 밖에 부모님에 관한 정보를 확보할 때 유의할 사항〉

전화, 편지, 무선통신 그리고 방문을 통해서 부모에 관한 각종 증빙서류를 미리부터 정리해 두어야 한다. 부모의 의료, 보험, 재산과 재정과 관련된 서류, 증명서, 법적 증서 등을 확인하는 것은 머지않아 세상을 떠날 부모를 위해 일찍이 해 놓아야 할 중요한 작업이다.

부모를 방문하면 시간과 노력이 들겠지만 서류가 있는 곳을 찾고, 검토하고, 구분하고, 정리하는 작업이 필요하다. 부모의 서류함, 서고, 금고, 은행을 찾고 부모의 담당변호사와 유언집행인 사이에 오고 간 서류를 찾아낸다.

부모는 그분들의 개인적 서류이기 때문에 자녀에게 보여 주기를 꺼려할 경우가 있지만, 그분들의 귀중한 서류를 정리하고 최근에 일어난 사실들을 기재하고 증명을 새로 발급받는 등의 절차가 필요하다는 뜻을 전하고 정리를 해 드리도록 한다.

대개의 서류는 (1) 법률 (2) 재정 (3) 보험의 세 가지 종류로 구분

된다. 각 종류의 서류는 제목에 따라 분류할 수 있다[다음의 자료에는 앞서 기술한 것과 일부 중복되는 것이 있다].

이들 세 가지 서류의 종류를 분류하면 대략 다음과 같은 것이 있다.

〈법적 서류〉

　호적등본
　군복무기록
　유언장
　유언집행위임장
　법적 협정서
　기타

〈재정관계 서류〉

　은행통장
　저축통장
　연금수급통장
　저축성 증권
　부동산 등기
　투자수익

부동산 담보

자동차 소유권

재산세

임대여 증서

병원치료비

전화료

신용카드

기타

〈보험관계 서류〉

주택 임대자/대여자

생명보험

의료보험

기타

　위와 같은 서류를 확보해서 정리하고 나면 잊어버린 서류를 다시 작성하고, 재발급 받아야 할 것은 다시 발급을 받고서 이들을 복사하여 여유분을 다른 안전한 곳에 보관한다.

〈가족회의〉

그 다음에는 가족이 모여 각종 서류에 기재된 사항들에 대해서 정보를 나누고 의논해야 할 사항들에 대해 협의한다.

가족의 크기가 크든 작든 노령의 부모에 관한 사항에 대해서는 가족 전원이 참여해서 의논하는 것이 좋다. 가족 가운데 한 사람이 독단적인 결정을 내리면 부작용이 발생할 가능성이 많다. 그래서 가족회의를 열어 부모에 관한 정보를 알고 신중히 논의하는 것이 옳다. 멀리 떨어져 있어 가족회의에 참석 못하는 식구가 있을 때는 전화를 통해서 대담하는 방식으로 회의에 참여토록 할 수 있다. 가족이 클 경우에는 가족회의에 의례 참석 못하는 식구가 있다. 그러나 일단 가족회의를 열어 의논을 할 때에는 어느 한 사람의 독단적인 결의를 피할 수 있고, 가족들의 의견을 종합할 수 있으며, 다수의 가족들이 찬성하는 방향으로 부모의 안녕과 복지 그리고 가족 전체의 화합과 안녕을 위한 결정을 내릴 수 있다.

앞서 부모와의 물리적 거리를 극복해서 대화와 접촉을 하는 수단에 대해 논의하였다. 바람직한 수단 또는 방편은 가족 모두가 부모를 방문해서 위의 부모님에 관한 사항들에 관해서 부모와 대화를 나누고 그분들과 함께 결정을 내리는 것이다. 이렇게 함으로써 후에 생길 수 있는 가족 사이의 갈등과 충돌을 피할 수가 있을 것이다.

그런데 의사소통을 하는 데에는 전화가 효과적일 수가 있고 경우에 따라서는 편지로 의사를 더 정확하게 전달할 수도 있다. 따라서 이들 수단을 부모와 자녀 양편의 그때 그때 사정을 고려해서 적절히 섞어서 활용한다면 먼 거리에 사는 가족과 효과적으로 대화를 나누고, 정확히 의사를 전달하며, 친밀한 관계를 유지할 수가 있다.

8장

떨어져 살면서
존경하는 방식

부모와 어른을 존경하는 방법에는 두 가지가 있다. 그 하나는 마음속으로부터 존경하는 정서적인 것이고 다른 하나는 행동으로 존경하는 수단적인 것이다. 흔히 물질적인 것을 수단적이라고 한다. 멀리 떨어져 살면서도 이 두 가지 방법으로 부모를 존경할 수 있다.

앞서 제3권에서 논의한 바와 같이 어른을 존경한다는 것은 어른을 정서적 및 물질적으로 마음속에서 그리고 행동으로서 존경함을 뜻한다. 즉 존경은 어른을 신체적으로 보살피고 지원하는 면과 정서적으로 보살피는 두 가지 뜻을 내포하고 있다(Qureshi & Walker, 1990; Sung, 2007: 162-164). 전자를 '수단적'(instrumental) 존경이라 하고 후자를 '정서적'(affective) 존경이라고 할 수 있다. 수단적 존경은 그 표현을 눈으로 볼 수 있고 그 횟수나 수량을 셀 수 있어 양적인 존경이라고도 하고 정서적 존경은 눈으로 볼 수 없는 사람의 내면적이고 감정적 또는 정서적인 것으로서 질적 존경이라고 한다.

자녀는 수단적 존경과 정서적 존경을 다 같이 제공함이 바람직하다. 어느 한 가지 유형의 존경만을 제공한다면 대개의 경우 노부모가 필요로 하는 바를 모두 충족하기가 어려울 것이다.

오늘날 물질적 존경이 중요하다 하여 부모에게 용돈, 교통편, 식사, 의복만을 제공하면 된다는 태도를 가지는 자녀가 흔히 있다. 그러나 이러한 수단적 또는 물질적 존경과 병행해서 정서적 지원 내지 질적 지원도 노부모에게 제공해야 한다. 부유해진 우리사회의 많은 노부모들은 의식주 문제는 거의가 해결하고 있으나 정서적이고 질적인 존경을 갈망하고 있는 실정이다.

구체적으로 자녀가 부모를 존중한다는 것은 노령의 부모를 재정적·물질적으로 지원함은 물론, 와병중일 때 간호하고, 따뜻한 거처를 마련해 드리고, 고독과 무료함을 덜어 드리고, 충고와 가르침을 받아들이고, 부모와 함께 시간을 가지고, 즐거움이나 어려움을 함께 나누고, 위안을 하고, 동정을 하고, 보살피며 지원해 드리고, 항상 관심을 가지는 것이다.

다음에서는 떨어져 사는 자녀가 부모를 존경하는 방식에 대해 논의해 보고자 한다.

부모는 일평생 가족과 사회를 위해 공헌한 분들이다. 이분들의 대다수는 애정과 희생으로 자녀를 보살피고 기르고 교육시키고 지원해 왔으며 남은 여력도 이 세상을 떠날 때까지 자녀를 위해 바치는 분들이다.

효는 기본적으로 자녀가 부모로부터 받은 깊고 끝없는 애정, 보살핌 및 지원을 깨닫고 이에 대한 보답으로 부모를 존경하고 보살피는 것을 의미한다.

다음은 저자가 경험적인 연구를 통해서 가려낸 13가지의 존경을 표현하는 방식들이다.

* *보살핌으로 하는 존경* : 어른의 마음과 몸을 다 같이 보살핌으로써 존경하는 방식이다. 즉, 어른을 보살피고 그분이 필요로 하는 서비스를 제공함으로써 표현하는 존경이다.
* *순종을 해서 하는 존경* : 어른의 지시나 명령을 따르고 어른의 말을 귀담아 듣는 것
* *음식대접으로 하는 존경* : 어른이 즐겨하는 음료와 식사를 대접하는 것
* *선물로 하는 존경* : 어른에게 선물을 드리는 것
* *경어로 하는 존경* : 어른과 대화나 서신을 교환할 때 경어를 사용하는 것
* *외모를 갖추어 하는 존경* : 어른 앞에서 단정하고 공손한 외모를 갖추는 것
* *윗자리를 제공해서 하는 존경* : 존경의 뜻을 나타내는 자리나 역할을 제공하는 것
* *축하를 해서 하는 존경* : 어른의 탄생일을 축하하는 것
* *인사를 해서 하는 존경* : 어른에게 인사를 하는 것
* *먼저 대접해서 하는 존경* : 어른에게 도움이나 서비스를 먼저 제공하는 것
* *장례를 통해서 하는 존경* : 돌아가신 어른을 위해 경건히 장례를 올리는 것
* *조상에게 하는 존경* : 제사나 특별한 행사를 통해서 조상을 숭

배하는 것

 * *이웃 노인에 대한 존경* : 이웃과 사회의 어른을 존경하는 것

| 떨어져 살면서 행하는 존경

위의 여러 가지 존경 방식들을 멀리 떨어져 사는 부모에게 전달 또는 표현하는 데 대하여 논의해 보고자 한다.

〈보살핌으로 하는 존경〉

이 존경 방식은 '마음속'으로 그리고 '행동'으로써 표현할 수 있다. 떨어져 살면서도 상당한 정도로 이 두 가지 보살핌으로 하는 존경의 요건들을 실천할 수 있다.

첫째, 요건을 흔히 '정서적 케어'라고 한다. 예를 들어 어른의 마음을 편히 하고 어른을 즐겁게 하고 어른의 걱정을 덜어 드리고 동정을 해 드리고 어른의 관심사에 대해서 걱정을 해 드리고 안락한 분위기를 마련해 드림으로써 하는 존경이다.

마음을 편히 해 드린다는 것은 떨어져 사는 자녀도 전화와 다른 통신방법을 통해서 능히 실행할 수가 있다. 이 점은 '전화를 통한 접촉'에서 논의한 바 있다.

둘째, 요건은 행동적으로 표시하는 것으로서 방편적 또는 '수단

적 케어'라고도 한다. 예로 식사를 시중하고 옷을 손질해 드리고 가사를 돕고 목욕을 돕고 대소변을 돌보아 드리고 의료기관에서 치료를 받도록 주선해 드리고 잡비를 마련해 드리는 등의 서비스를 제공함으로써 하는 존경이다.

이러한 보살핌과 서비스를 해 드리는 데 있어 떨어져 사는 자녀는 부모와 함께 또는 부모의 집 바로 옆에 사는 자녀에 비해 더 많은 노력을 하게 된다.

우리 사회에서는 서양 사회와 달리 부모와 함께 사는 성인자녀들이 아직도 많다. 노부모와 동거하는 자녀는 좋든 싫든 노부모를 보살피는 역할을 하게 되며 부모와 떨어져 사는 자녀보다도 수단적 – 손끝으로 그리고 몸으로 하는 – 서비스를 더 많이 더 쉽게 제공할 수 있다.

떨어져 사는 자녀는 얼굴을 맞대고 부모와 접촉하기가 어렵고 식사 시중, 병간, 집안 일 돕기, 교통편 제공 등 손과 몸으로 하는 보살핌과 서비스로 하는 존경을 실천하기가 어렵다.

이러한 지리적 거리와 시간적 문제로 인해 생기는 어려움을 어떻게 해결 내지 줄이느냐의 과제가 바로 많은 가족들이 안고 있는 고민이다.

앞으로 사람들이 더 오래 살게 되고 부모를 보살피는 기간이 길어지고 부모를 떠나 먼 곳에서 활동하는 자녀 수가 더욱 증가함에 따라 혼자 살면서 몸이 불편하거나 병환이 있는 고령자들을 돌보는 일은 보다 더 심각한 문제가 될 것이다.

그런데 떨어져 사는 자녀도 부모에 대한 애정과 의무감을 가지며 부모의 안녕을 염려하고 부모를 지원하면서 존경하는 데서는 부모와 동거하는 자녀와 같은 것이다.

떨어져 사는 양상도 가족마다 다를 수 있다. 예로 자녀가 부모와 떨어져 이웃집, 같은 동리, 시내, 지방 또는 외국에서 사는 경우들이 있다.

거리상의 차이가 있지만 일반적으로 떨어져 사는 자녀는 앞서 논의한 바와 같이 흔히 전화를 사용해 부모와 대화를 하여 부모의 생활상태를 파악해서 필요할 때는 적절한 대책을 마련한다. 시간적으로 여유가 있으면 우편으로 통신을 하고 생활비나 물건을 보내기도 한다. 부모를 정기적으로 또는 필요할 때 방문해서 애정을 나누고 즐겁게 해 드리고 부모의 건강상태, 독립해서 생활할 능력, 이웃과의 우호적 관계, 재정형편 등을 파악하여 필요한 조치를 취하면서 정서적으로 또 수단적으로 보살펴 드릴 수 있다.

부모가 필요로 하는 서비스는 여러 가지가 있을 수 있다. 가족이 제공하지 못하는 도움은 앞서 논의한 바와 같이 가족 바깥의 전문적 서비스 기관들로부터 제공받을 수 있다.

그런데 외부 기관에서 제공하는 서비스는 가족 스스로가 가족원에게 제공하는 서비스에 비해 따뜻하고 인정이 있고 존중하는 서비스가 되지 못하는 경우가 많다는 비판이 있다.

우리 사회에서는 가족원들이 서로 깊은 관심을 가지면서 의존하고 밀접한 관계를 유지하며 개인에 앞서 가족을 걱정하는 가치와 생활태도를 아직도 중요시하고 있다. 이러한 오랜 문화적 성향은 오늘날 시대의 흐름이 달라짐에 따라 과거보다는 약해졌다고 하지만 우리의 일상생활에 여전히 영향을 미치고 있다.

이 전통적 가치를 간직한 우리는 떨어져 사는 고령의 친족을 보살피고 지원하려는 의지를 보유하고 있다. 따라서 떨어져 살면서 어떻게 부모와 고령자를 보살핌으로써 존경하느냐의 방법상의 문제를 슬기롭게 풀어 나가야 하겠다.

〈순종을 해서 하는 존경〉

어른의 말이나 지시를 따르고 어른의 말을 귀담아 듣는 태도와 행동을 취함으로써 경의를 표시하는 방식이다. 이 방식은 떨어져 사는 자녀도 실행할 수 있다. 전화와 우편 또는 무선통신으로 그리고 부모를 직접 방문해서 이 방식을 실천할 수 있는 것이다.

〈경어(존댓말)로 하는 존경〉

어른과 대화를 하거나 교신을 할 때 경어 또는 존댓말을 사용하여 경의를 표시하는 방식이다. 이 방식도 위의 방식과 마찬가지로 떨어져 사는 자녀가 주로 전화를 통한 대화와 서신 또는 무선통신으로 능히 실천할 수 있다.

존경하는 정도는 사용하는 말 또는 글(명사, 동사, 전치사, 후치사, 구절, 문장으로 이루어진)에서 표현된다.

우리는 어른에게 하는 말과 글에서 존경하는 낱말, 구절, 문장을 매우 다양하게 사용하는 문화적 특징을 가지고 있다. 그래서 서양 사람들이 한국어를 배울 때 가장 어려워하는 것이 바로 이 경어 사용 방법이다. 게다가 경어를 사용하는 방식도 상대의 신분과 주변의 상황에 따라 매우 다양하여 어른에게 하는 것, 선배에게 하는 것, 직장의 윗사람에게 하는 것, 경사 때 하는 것, 초상 때 하는 것 등 다양하고 미묘하다.

어른과의 가족관계 및 사회관계에 따라 부르는 호칭(예: 아버님, 여사님, 과장님 등)이 달라야 한다. 호칭은 상대로 하는 사람을 가리켜 말하는 명칭이다. 그런데 호칭은 상대방의 가족(인척) 관계, 연령, 사회적 지위에 따라서도 다를 수 있다.

어른을 직접 부를 때, 돌아가신 어른을 부를 때, 나 자신을 어른에게 말할 때 그 호칭이 각각 다르다. 그리고 아버지를 직접 부를 때, 다른 어른 앞에서 자기 아버지를 부를 때, 사돈어른을 부를 때, 직장의 윗사람을 부를 때, 모르는 어른을 부를 때 각각 그 호칭이 달라야 한다. 가장 흔히 사용되는 호칭으로서 아버님, 어머님, 선생님, 부인, 박사님, 위원장님 등을 들 수 있다. 어른에게는 이런 호칭을 사용하는 것이 옳다. 그리고 이러한 호칭을 사용하는 데 있어서도 상대방을 존경하는 의미가 담긴 목소리로 해야 한다. 즉 언어예절을 지켜야 하는 것이다.

경어를 사용하는 데 있어 또 한 가지 유의할 점은 어른이 알아듣기 쉽도록 말하고 고운 말과 교양 있는 말을 사용해야 한다.

오늘날 산업화된 사회에서도 어른과 대화를 할 때 경어 사용을 중요시하고 있다. 서양 사람들은 주로 어른의 성(이름이 아닌)과 호칭(선생, 부인, 박사, 목사/신부, 의장, 위원장 등)을 붙여서 부르는 데 그치지만 동아시아 사람들은 이와 같이 다양한 경어를 사용한다. 우리들의 언어 속에는 어른을 존경하는 뜻과 표현이 스며들어 있다.

어른이 알아듣기 쉬운 말, 전문용어가 아닌 말, 일반 사람이 알아들을 수 있는 말을 사용해야 하며 존경하는 마음이 말속에 담기도록 조용하게 부드럽고 정확하게 해야 한다.

다음에 특히 어른과 대화를 할 때 유의할 사항들을 몇 가지 적어 보겠다. 이 사항들은 모두 어른을 존중하는 언어의 표현과 연관된 것이다.

노인은 일반적으로 말하는 것이 더디고 한 말을 되풀이하며 어떤 점에 대해 길게 이야기하는 경향이 있다. 어른이 말하는 것이 답답하고 지루하여도 그분을 존경하는 뜻에서 긍정적으로 이를 받아들이고 다음과 같은 사항에 유의하면서 대화하는 것이 옳다.

* 먼저 대화를 할 어른에게 정중히 인사를 하고 용건을 말한다.
* 부드러운 말씨로 조용하게 말을 한다.
* 공손하게 말을 이어 간다.
* 쉬운 말로 천천히 조리 있게 말한다.
* 어른이 말할 때 귀를 기울인다.
* 어른이 하는 말을 이해하기 위해 노력한다.
* 어른이 말하는 도중에 끼어들지 않으며 어른의 말을 끝나기를 기다린다.
* 질문할 때는 그분의 양해를 정중히 구한다.
* 대화 도중 자리를 떠야 할 때는 그분의 양해를 구한다.
* 어른의 청력을 파악해서 내가 할 말의 크기와 속도를 조절한다.
* 통화할 요건을 미리 정리해서 가능한 한 짧게 통화한다.
* 대화를 마치면 끝낸다고 말한 다음 인사를 하고 자리를 떠난다.

위의 사항들은 부모와 어른하고 면담을 할 때나 전화를 할 때 유의해야 할 조건들이다. 노인은 청력이 약해져 다른 사람의 말을 명확히 듣지 못하는 경우가 많다. 노인 어른과 대화할 때는 그분이 어느 정도 다른 사람의 말을 들을 수 있는가를 파악해야 한다.

우리의 문화적 맥락에서는 이러한 모든 사항들을 지켜 가면서 보살핌으로 하는 존경을 실천하는 것이 관습으로 되어 있다.

〈축하를 해 드려 하는 존경〉

부모의 탄생일이나 부모가 관련된 특별한 행사에서 축하해 드리는 것이다. 이렇게 해서 하는 존경도 떨어져 사는 자녀가 여러 가지 방법으로 할 수 있다.

직접 방문을 해서 할 수 있고 방문이 불가능하면 전화로 축하의 뜻을 전하거나 아니면 편지(카드)나 이메일이나 팩스와 같은 무선 통신 수단으로 전할 수 있다. 축하를 위한 선물도 방문을 할 때나 우편으로 보낼 수도 있다.

〈의논을 통한 존경〉

어른의 지위, 인격, 경험, 지혜를 존중하여 개인적인 일, 가정의 일, 지켜야 할 관습, 가정의례 등에 관해서 이분들과 의논하는 것이다. 이 방식은 특히 부모와 자녀가 다 같이 존중을 받을 수 있는 장점이 있다. 즉 의논을 부탁받은 부모는 자기들의 지위와 능력을 인증받기 때문에 만족감을 가지게 되고 자녀는 도움이 되는 충고, 지식, 정보를 얻을 수 있기 때문에 즐거움을 느낄 수 있다. 말하자면 서로 존중하는 방식이다.

이 방식도 떨어져 있는 자녀가 전화, 통신, 편지 그리고 방문을 통해서 할 수 있다.

〈인사를 해서 하는 존경〉

절을 하가나 몸을 앞으로 굽히거나 손을 맞잡거나 두 손을 합장하여 인사를 하는 방식이다. 특별한 인사는 말과 글을 통해서도 표할 수도 있다.

어른에 대한 문안인사

떨어져 있는 자녀가 어른을 방문해서 만나게 되면 반갑고 기쁘다는 심정과 표정을 나타내며 하는 인사이다. 전화를 통해서도 할 수 있다.

직접 방문을 해서 얼굴을 마주 대고 인사를 할 때에는 허리를 굽혀 안부의 말을 하면서 한다. 인사의 일부로서 어른과 악수를 할 경우에는 어른이 먼저 악수를 청할 때 이에 응해서 악수를 하는 것이 관례이다.

인사의 대표적 방식은 절을 하는 것이다. 절을 할 때는 흔히 몸을 굽힌다.

이 방식은 몸의 동작으로 표시하는 존경이다. 돌아가신 조상의 위패, 신앙의 상징, 국가의 상징인 국기에 대해서도 절을 한다.

절을 받는 어른은 절을 하는 사람에게(어느 경우에는 미성년자도 포함해서) 답례로 절을 해 주기도 한다. 존경의 대상이 되는 어른에게 몸을 굽히는 동작은 존경의 정도가 높을수록 더 굽히고 또 절하는 동작을 몇 번이고 반복하기도 한다.

절로 경의를 표시하는 방법은 서양 사람들도 종교적 의식이나 특별한 경우에 사용하고 있으나 일상생활에서 행하는 경우는 드물다. 고개를 숙이고 허리를 굽혀서 표현하는 방식은 동아시아 사람들의 독특한 존경 방식이며 우리들의 생활문화 속 깊이 뿌리 박혀 있는 관행이다.

이 밖에 손을 맞잡는 동작(공수) 그리고 최근 널리 행해지고 있는 악수가 있다.

어느 방식이든 존경의 대상을 만나면 때를 놓치지 않고 곧 절을 해야 한다. 그리고 절이나 악수를 할 상대방을 똑바로 쳐다보고 목례(눈으로 예의를 표시하는 것)를 하고 절을 해야 한다. 이러한 표현은 물론 부모에게도 해야 한다.

그런데 직접 만나지 않고 전화나 편지 또는 통신으로도 위에서 논한 바와 같이 정중한 인사로써 존경을 표할 수 있다.

존경은 무엇보다도 마음에서 우러나는 경의를 표시하는 행동이다. 따라서 존경하는 행동에 그러한 마음씨가 나타나도록 성의 있고 진실하게 인사를 하는 것이 중요하다.

〈음식대접으로 하는 존경〉

어른이 즐기는 식사나 음료를 대접하여 그분들의 음식에 대한 기호와 취미를 존중하는 방식이다. 어른의 식성에 맞추어 음식을 장만 또는 마련해 드리는 것이다.

노인 어른들이 가장 반가워하는 것 중의 하나가 좋아하는 음식을 대접받는 것이다. 노년기에 있는 분들은 신체적으로나 경제적으로 좋아하는 음식을 자유로이 찾아 즐기는 기회가 드물다. 그래서 이분들에게 좋아하는 음식을 대접하는 것은 존경의 좋은 표시가 된다.

떨어져 사는 효성스러운 자녀가 가장 고민하는 것 중의 하나가 바로 이 직접 음식을 대접해서 하는 존경방식을 실천하기가 어려운 것이다. 그러나 기회가 날 때마다 부모를 방문해서 식사를 해 드리거나 좋아하시는 음식점에 모셔 가서 대접해 드릴 수 있고 돈을 보내 드려 즐겨하는 음식을 사서 드시도록 할 수 있다. 아니면 좋은 식료품을 우편으로 보내 드릴 수도 있다.

우리 사회에서는 다른 사람들과 음식을 나누어 드는 관습이 오랜 세대에 걸쳐 전해져 왔다. 이웃은 물론 지나가는 손님에게도 음식을 정중히 대접하는 것이 하나의 인정이요 도리인 것으로 되어 온 것이다. 이러한 관습은 유교, 불교 기타 종교에서 옛적부터 가르쳐 나온 덕행이요 선행이기도 하다.

〈선물로 하는 존경〉

선물(예: 돈, 옷, 일용품, 기타 쓸모 있는 물건)을 제공하여 경의를 표하는 것이다. 떨어져 사는 자녀가 할 수 있는 방식이다.

어른에게 하는 선물은 애정의 표시임은 물론 그분들을 지원·원조하는 뜻이 있을 뿐만 아니라, 어른을 존중하는 뜻도 물론 내포되어 있다. 일반적으로 연로한 어른들은 사회에서 은퇴하여 수입과 사회활동이 거의 없이 생활하는 분들이다. 따라서 여러 가지 물건이 필요하다.

그래서 그분들에게는 돈을 포함한 쓸모 있는 물질적 선물이 매우 반갑고 고마운 것이다.

예로 노인들이 일상생활에서 쉽게 사용할 수 있고 실용적인 옷, 구두, 넥타이 등을 골라서 선물할 수 있다. 편지와 꽃을 보내는 것도 좋다. 편지에는 가족원들이 "사랑해요"라는 말을 적어 모두의 이름에다 사인을 해서 보내면 더없이 좋은 선물이 될 수 있다. 그리고는 작은 상자 안에 노인이 필요한 우표, 필기도구, 장거리전화용 카드, 비닐테이프, 양말, 비누, 칫솔, 치약, 로션, 손수건 등 일상생활에 필요한 것들을 넣어 보내는 것도 좋다.

위의 존경 방식들 외에도 외모를 갖추고, 윗자리를 제공하고, 먼저 모셔서 하는 존경 방식들이 있다. 이 방식들은 전화, 편지, 무선통신으로 행하기가 어려우나 부모를 방문해서 만나면 실행할 수가 있다.

이러한 존경 방식은 우리 사회에서는 여러 세대에 걸쳐 전해 내려온 문화적 관습이다.

| 시대의 흐름과 표현의 변화

　사회가 변동함에 따라 어른존경 방식도 바뀌고 있다. 그러나 존경 방식이 어떻게 그리고 어느 정도로 변하고 있는가에 대해 체계적으로 조사한 연구는 매우 드물다. 싱가포르에서 존경의 뜻이 순종·복종에서 공손·친절로 변하고 있다는 연구보고가 나왔다 (Mehta, 1997). 그리고 어른이 이야기할 때 이를 경청하는 것(반드시 따른다는 것은 아님)을 젊은이들이 존경방식으로 사용하는 경향이 있다는 태국과 타이완에서 나온 보고가 있다(Ingersoll - Dayton & Sangtienchai, 1999). 한국에서 나온 연구보고에 따르면 가족의 테두리를 넘어 이웃과 지역사회의 노인들을 보살피는 것이 새로운 효의 형태로 자라잡고 있다(Sung & Kim, 2003). 어른과 의논하는 방식도 비교적 널리 사용되고 있다. 젊은 세대와 어른 세대 간의 열린 대화를 하고 도움을 나누는 기회를 갖도록 하는 이 방식은 앞으로 널리 사용될 것으로 본다. 연장자나 선배에게 몸을 굽혀 절하는 대신, 악수나 인사말로 대신하는 경우가 눈에 띄게 많아졌다. 그리고 가족 바깥의 이웃과 사회의 노인들을 돕는 이웃모임과 자원단체들의 노인을 위한 봉사활동이 현저히 급증하고 있다.

　근년에 일어나고 있는 이러한 변동은 대체로 새로운 시대적 동향을 나타내는 것으로 보인다. 즉 기왕의 권위주의적이고 위계적인 세대관계로부터 벗어나 평등주의적이고 상호 교환적인 관계를 바탕으로 어른 세대와 젊은 세대가 서로 존중하는 방향으로 그리고 가족 중심적인 어른존경이 이웃과 지역사회 노인을 존중하는 방향으로 옮겨 가고 있는 것이다.

존경의 표현이 이와 같이 수정되고는 있지만 어른존경은 여전히 한국, 일본, 중국 그리고 홍콩, 대만, 싱가포르를 포함하는 동아시아 전역에서 중요한 사회적 가치로 남아 있으며 이 가치는 가족원들 간의 그리고 세대 간의 관계를 공고히 하는 힘이 되고 있다. 일본에서 연구를 한 Elliott와 Campbell(1993)은 이와 같이 동아시아 나라들 사이에 유사성이 있는 데 대해서 다음과 같이 논하였다.

"한국과 중국의 문화적 맥락에서 볼 수 있는 부모부양에 대한 자녀의 의무와 세대 간의 관계는 일본에서도 역시 볼 수 있다. 이러한 공통점이 있는 이유는 이들 동아시아 문화권에 속하는 세 나라들이 다 같이 유교의 윤리적 개념인 효로부터 영향을 받았기 때문이다."

이러한 문화적 영향은 과거보다는 약하지만 아직도 이들 나라들에서 작용하고 있는 것이다.

| 논 의

어른 존경과 관련된 가치, 규범 및 역할은 여러 세대에 걸쳐 지속되어 나오는 동아시아 사람들의 문화적 특성이다. 떨어져 사는 자녀가 부모를 존중하는 데 있어 물리적 거리가 장애요인으로 되어 있는 것이 사실이다. 그러나 대부분의 존경방식은 떨어져 사는 자녀도 행할 수가 있는 것으로 나타났다. 다만 멀리 사는 부모에게 존경을 표시하기 위해서는 가까운 거리에 사는 자녀보다도 더 마음을 쓰고 통신, 교통수단을 이용하면서 더 많은 노력을 해야 한다.

중요한 점은 부모를 마음속으로부터 존중하는 것이다. 이러한 마음의 자세를 가지면 나머지 일은 최선의 수단과 기법을 활용해서 그 마음을 따로 사는 부모에게 전달해 드리는 것이다.

부모에 대한 존경은 모든 종교가 공통적으로 가르치고 있다. 불교는 부모를 존경해야 한다고 여러 불경에서 가르치고 있다. 앞서 소개한 바와 같이 중국을 비롯한 동아시아 나라들에서 널리 애독되어 온 불교의 부모은중경(父母恩重經)에서는 부모 — 특히 어머니 — 의 은혜를 자녀가 깊이 깨닫고 이에 대한 보답을 해야 한다고 가르치고 있다. 기독교에서는 어른존경이 신학이론의 뿌리가 되고 있으며 십계명의 다섯 번째 계명은 바로 어른존경에 대한 말씀이다. 그리고 성경에는 "네 부모를 공경하라 그리하면 너의 하나님 나 여호와가 네게 준 땅에서 네 생명이 길리라"(출애굽기 20:12)를 비롯한 말씀들이 있다. 이슬람교에서도 부모와 어른존경에 대해서 매우 강하게 가르치고 있다. 이러한 가르침은 유교의 효에 대한 가르침과 상통한 것이다.

젊은 세대는 존경방식을 시대의 흐름에 따라 수정해 나갈 것으로 본다. 새 시대에 노년학자들이 연구해야 할 과제는 젊은 세대가 어느 정도로 어른존경에 대한 사회적 가치를 존중하고 유지해 나가느냐의 문제이다. 이 가치가 계속해서 다음 세대로 전해질 것인지? 이 질문에 대한 대답은 오늘의 성인 세대가 그 가치를 다음 세대로 전수하기 위해 어느 정도로 노력과 시간을 투입하느냐에 달려 있는 것으로 본다.

동아시아 나라들 – 중국, 한국, 일본 – 은 오랜 세월 동안 유교문화의 영향을 받아 어른과 윗사람을 존경하는 관습을 지켜 왔다. 오늘날 개인의 인권을 존중하고 모든 사람이 동등한 권리를 가지는 사회에서도 이러한 관습을 과거보다는 약하지만 여전히 지켜 나가고 있다.

오랜 세대에 걸쳐 이러한 관습이 중요하다고 보아 왔고 이에다 가치를 부여하고 가족생활, 사회생활에서 실행해 나오다가 하나의 일상 생활화한 것이다. 이러한 관습은 부모와 어른의 생활관, 행동양식, 그리고 어른의 업적을 모방하고 따르는 관행에도 나타나고 있다.

그러나 오늘날 진보적인 어른들은 무조건 젊은 사람들의 순종을 요구하지 않으며, 오히려 자기들 스스로 모범이 되고 사회에 도움이 되는 일을 해서 젊은이로부터 존경을 스스로 받도록 노력하는 것이다. 즉 존경을 요구하는 것이 아니라 이를 사는 것이다.

9장

지역사회 서비스의 활용

가족 밖의 지역사회에서 신체적으로나 정신적으로 어려운 상태에 있는 노부모가 필요로 하는 도움과 서비스를 입수하는 데는 시간과 노력이 필요하다. 우리 사회에서는 아직도 노인들이 필요로 하는 다양한 서비스들을 제공하는 전문인들과 시설들을 충분히 갖추지를 못하고 있는 지역들이 많다. 그래서 어느 지역사회에서는 비교적 쉽게 필요한 전문적 서비스를 입수할 수 있으나 다른 지역사회에서는 그런 서비스를 받기가 어렵다.

그동안 정부의 정책이 가족 자체가 가족의 복지를 책임지도록 하는 데 중점을 두고 나와서 나라의 눈부신 경제발전에 비해서 정부가 지원하는 공적인 사회복지 서비스는 발전의 속도가 느린 실정이다.

다행히도 근년에는 노인복지를 위한 정부지원이 늘고 있으며 각종 민간단체들과 비영리단체들의 노인봉사활동이 많아지고 지역사회들 가운데서도 노인을 위한 봉사활동을 하는 곳이 많아졌다. 이와 같은 발전적인 변화에 따라 노인을 위한 전문적인 서비스와 지원이 점차 여러 지역에서 제공되고 있다.

일례로 대다수의 종합병원들에는 노인병과가 부설되어 있으며 이곳의 노인병 담당의사가 노인들의 질환을 치료하고 있다. 그리고 노인복지관들이 증설되어 노인을 위한 각종 전문적인 서비스를 지역사회 중심으로 제공하고 있다.

그런데 부모가 병원에서 치료를 받은 후 퇴원할 때 앞으로 어떻게 보살피느냐는 문제를 두고 떨어져 사는 자녀는 걱정을 한다.

이런 상황에서는 우선 부모가 퇴원하기 전에 그 병원의 사회사업실을 찾아 사회복지사와 퇴원 후의 문제에 대해 상의를 해서 퇴원 후에 해당 지역사회에서 입수할 수 있는 각종 도움과 서비스에 대한 정보를 얻고 이런 지원을 제공하는 기관들과 시설들로 의뢰를 받을 수 있다.

그러나 이런 도움을 받을 수 없는 경우에는 당황하지 말고 차근차근 다음과 같은 필요한 작업을 해 나가야 한다.

| 확보해야 할 지원과 서비스

집안에서 요양하는 노인들을 위한 도움에는 여러 가지가 있다.

중태가 아니고 회복기에 있어 가끔 도움이 필요한 경우에는 특정한 기간 동안 외부의 도움을 받아야 한다. 이런 가끔 필요한 도움은 대개의 경우 가족과 친척으로부터 받을 수 있다. 떨어져 사는 가족의 경우 노부모를 방문해서 도움을 제공할 수 있고 이분들을 자녀의 집으로 모셔 가서 보살필 수도 있다. 그러나 가족원이 적절한 도움을 제공하지 못하는 경우도 있다. 이런 경우에도 부모와 가까이 사는 친척들이 흔히 도움을 제공한다. 어느 경우에는 가까운 친구와 이웃이 도움을 주기도 한다.

떨어져 살면서 도저히 부모를 도와 드릴 수가 없을 경우에는 부모가 사는 지역사회 내에서 서비스를 물색해야 한다. 해당 지역사회 내의 사회복지기관, 노인회, 노인의 전화, 보건소, 동사무소, 종교단체, 자원봉사그룹 등을 통해서 도움을 구해야 한다.

지역사회의 자원을 활용하기 위해서는 미리 준비를 해 나가야 한다. 즉 부모가 건강할 때부터 해당 지역 내에서 얻을 수 있는 서비스와 도움의 종류, 제공자, 비용 등에 대한 정보를 수집하기 시작해야 한다.

노인들이 필요로 하는 서비스에는 비교적 가벼운 지원 이외에도 여러 가지 유형들이 있다.

예로 심장질환이나 지체장애를 가진 노인들 가운데는 하루에 한 끼의 식사를 해 주고 일주일에 한 번 빨래만 해 주면 정상적으로 생활해 나갈 수 있는 분들이 있다.

이런 케이스보다도 상태가 악화되어 중증 질환을 가져 장기적으로 집중적인 보살핌과 치료를 받아야 할 분들이 있다. 예로 심장마비 또는 뇌졸중을 앓았거나 심한 정신질환을 가진 분들은 24시간 보호를 받아야 한다. 이분들은 신체적으로 마비가 되지 않았다 해도 지속적인 보호와 전문적 간호가 필요하다. 이런 상황에서 흔히 노인요양원에 입원하는 대안을 생각하게 된다. 그러나 집중적인 보호가 필요한 분들도 자기 주택이나 자녀의 집에 거주하면서 간호를 받을 수 있다.

이러한 중환을 가진 분들을 보살핀다는 것은 24시간 쉴 사이 없이 계속되는 일이기 때문에 정신적으로나 육체적으로 매우 힘이 드는 일이다. 보호자는 자기 자신을 위해 때를 가려 휴식과 안정을 취할 필요가 있다. 이렇게 휴식이 필요할 때 친척이나 가까운 친구들이 일정 시간 동안 환자를 돌보아 주도록 할 수 있다. 그리고 미리 주선을 해서 가정방문 간호사가 무료 또는 유료로 환자를 간호하도록 할 수 있다.

한편 이러한 중증환자인 노부모를 보살피는 일은 매우 힘이 들기 때문에 역시 가족(친척 포함)이 사전에 회의를 해서 어느 가족원이 어떠한 보살핌을 어느 정도로 분담하고 어떤 책임을 어느 기간 동안 맡을 수 있는가 그리고 노부모를 간호하는 일이 자신들의 가족에게 어떠한 불이익을 가져다 줄 수 있는가 등 가족 사이에 일어날 일들에 대한 상의가 있어야 한다.

부모를 집에 모셔 간호해 나가기에 앞서 이러한 가족원들 사이의 상의가 필요하다. 이렇게 함으로써 가족원들의 어려움을 상호 이해해서 불이익을 최소화하고 간호를 위한 가족원들의 협동과 화합을 도출할 수 있다.

그런데 가족이 정성스럽게 보살피겠지만 간호의 질이나 결과를 본다면 전문인들이 하는 것이 더 나을 수 있다. 즉 가족 밖의 전문적 훈련을 받은 인간봉사자들이 이 일을 맡음으로써 더 나은 결과를 도출할 수 있는 것이다.

이러한 가족 외부의 도움을 얻기 위해서는 주변의 지역사회를 돌아보아야 한다. 앞서 지적하였듯이 요즘에는 대개의 지역사회 내에 또는 가까운 곳에 노인환자를 위한 서비스를 제공하는 전문인들이 있다. 기본적인 의료서비스와 사회복지서비스를 제공하는 전문인들을 비롯해서 의료계의 신경정신과, 통증진료, 치과의사, 응급치료를 하는 전문의들이 있으며 단기 또는 장기치료를 하는 개인병원과 종합병원이 있다. 그리고 노인병원, 노인요양원, 치매요양원, 노인복지관, 사회복지관, 사회사업기관을 비롯해서 거택서비스와 시설중심 서비스를 제공하는 민간단체들이 있으며 이들 단체의 수가 꾸준히 늘고 있는 추세이다. 문제는 이러한 제공자들이 도시에 집중되어 있어 시골에 사는 분들에게는 접근하기가 어려운 경우가 많다. 그리고 기관에 따라서는 서비스를 신청해 오는 케이스들이 많아 기다리는 시간이 길어지고 있어 미리 필요한 서비스를 파악해서 이를 신청해 두는 것이 좋다.

어느 지역사회든 노인들의 모든 문제를 다 해결할 능력을 갖추지는 못한다. 그러나 점차적으로 우리 사회에서 노인문제에 대한 관심이 높아지고 있으며, 정부의 노인문제 대책이 개선되고 있으며, 지역사회 자체의 실질적이고 헌신적인 노력이 확산되어 다수 지역들에서 노인을 위한 각종 서비스들이 제공되고 있다.

이러한 지역사회 내에서 얻을 수 있는 서비스에 대한 정보를 미리 확보해 두어야 한다. 역시 위에서 지적한 병원의 사회사업과, 노인복지관, 대한노인회지부, 사회복지관, 동사무소의 사회복지담당, 보건소, 노인의 전화, 교회와 성당 등에 문의해서 해당 지역 안에서 얻을 수 있는 서비스에 대한 정보를 모아야 한다. 이런 곳에서는 대개 노인을 위해 도움이 되는 집단이나 시설 또는 개인의 전화번호와 주소 및 도움의 종류를 갖춘 명단을 가지고 있다.

뿐만 아니라 이들 기관에는 대부분 당장 필요한 지원을 받을 수 있는 전문인들, 예로 사회복지사, 자원봉사자, 거택간호사, 가정봉사자 등이 근무하고 있다. 사회복지사로부터는 부모의 상황을 평가받고 필요한 서비스에 대한 상담을 할 수가 있다.

최근에는 퇴원 후에 필요한 거택간호 및 거택서비스가 여러 지역들에서 제공되고 있다.

지역사회에 대한 소상한 정보를 가지고 있어도 어느 서비스가 부모에게 적당한가, 또 적절한 서비스를 어떻게 신청하느냐에 대해 잘 모르는 수가 있다. 따라서 지역사회 전체에 대해 잘 알고 있는 사회복지사를 포함한 전문인들을 찾아 상의할 필요가 있다.

대개의 경우 사회복지사가 그 지역의 사회복지(노인복지를 포함한)와 연관된 종합적인 사정을 알고 있다. 사회복지사들은 위에서 지적한 바와 같이 직접적인 도움도 줄 수 있을 뿐만 아니라 노인이 필요로 하는 서비스를 제공하는 전문인, 기관 또는 시설로 연결해 주는 의뢰서비스도 해 줄 수 있다. 적어도 한 사람의 지역 내의 사회복지사가 부모에 대한 사정을 잘 알고 계속해서 관심을 가지게 된다면 여러 가지로 도움이 될 수 있을 것이다.

노인을 위한 서비스도 다른 모든 서비스와 같이 지속적으로 끊임없이 제공해 나가야 한다. 중증을 가진 노부모를 보호 부양하는 일은 대개의 경우 떨어져 사는 자녀 혼자만으로는 하기가 어렵기 때문에 위와 같이 외부의 도움을 구하는 작업을 부모의 상태가 악화되기 전부터 해 나아갈 필요가 있다.

다음에서는 질환을 가진 노인들이 받을 수 있는 서비스의 몇 가지 예를 들어 보고자 한다.

먼저 거택 서비스, 즉 노인이 집안에 있으면서 받을 수 있는 서비스는 우리나라에서도 개발되어 보급되고 있다. 이는 비의료적 서비스로서 식사배달, 가사보조, 전화를 통한 안전 감독, 외출 시 동반, 교통편 제공, 방문해서 말상대 되어 주기, 보호자를 위한 휴식 시간 제공, 전화상담 등이 있다.

가정 바깥에서 받을 수 있는 비의료적 서비스에는 노인복지관에서 제공하는 다목적 서비스들, 공동급식, 교통편 제공, 허약한 노인을 위한 일시 위탁서비스, 보호자 지원서비스, 유언과 상속 등에 관한 법률상담, 각종 자원봉사 그리고 장기적 질환을 가진 노인을 위한 노인홈, 노인요양원, 치매요양원 등이 있다.

| 고령자를 위한 시설

별거하는 노부모에 대한 자녀의 최대 걱정은 그분들의 '안전'과 '건강'이다. 부모가 어떤 질병이나 신체장애가 있을 때는 더욱 이런 걱정을 하게 된다.

따로 사는 병약한 노부모를 단기적으로나 장기적으로 보호시설 또는 요양시설에 입원시키는 대안을 택하는 경우가 흔히 생긴다.

노인홈, 노인요양원 또는 치매환자요양원에 입원하는 노인들은 대개가 정신적으로나 신체적으로 어떠한 질환과 장애를 가진 분들로서 직업을 가진 자녀가 아침부터 저녁까지 이분들과 함께 있으면서 보살피기가 매우 어렵다. 따라서 노부모의 상태에 따라 전문적인 보살핌을 24시간 받을 수 있는 시설이나 홈을 잘 선정해서 입원하도록 하는 것이 가족에 따라서는 합당한 대안이 될 수 있다.

노인을 위한 시설은 여러 가지 종류가 있으며 그 형태와 설립자(공설 또는 사설), 크기, 시설의 안전도, 시설의 환경(지역사회), 서비스의 유형과 범위, 전문성 정도, 비용부담의 유무 등에서 다르다. 입원해 있는 노인들의 개인적인 특성도 다르고 신체적 장애와 질환도 다르다. 이러한 다양한 조건들에 알맞은 시설과 홈을 선택하는 데는 상당한 노력과 시간이 필요하다.

장애가 심하거나 24시간의 감시를 받아야 할 상태의 노인에게 지속적으로 재활, 약물투여, 식이요법, 방사선치료를 하는 의사가 정기적으로 왕진을 해서 진단과 치료를 해 주며 사회복지사의 상담도 받을 수 있는 시설을 선택하는 것이 좋다. 이런 시설을 선정할 때는 다음과 같은 사항을 참고로 할 필요가 있다.

* 시설의 분위기가 안락하고 가정적인가, 내부와 외부가 말끔하게 꾸며져 있는가, 실내가 잘 환기되는가?
* 시설은 정부의 인가를 받았는가?
* 면허증을 가진 간호사가 24시간 간호하는가?
* 의사의 감독하에 서비스가 전달되며 필요시에 의사의 왕진을 받을 수 있는가?
* 약은 면허된 약사가 조제하는가?
* 식사를 노인의 개인적 상태에 맞게 마련해 주는가?
* 재활서비스를 제공해 주는가?
* 오락, 레크리에이션 및 사교활동을 할 수 있는가?

* 시설이 안전하게 설치되어 있는가?
* 시설관리인과 요원들은 경험이 있고 자격이 있는가?
* 요원들은 친절하고 실제적인 도움을 주는가?
* 시설이 편리한 곳에 위치해 있는가?
* 의사, 사회복지사, 간호사 등이 추천하는 시설인가?

　시설을 선정할 때는 그 지방의 노인협회, 노인회, 노인복지관, 노인의 전화, 병원의 노인병과와 사회사업실, 보건소, 사회복지관을 비롯한 노인의 복리를 위해 봉사하는 단체들에게 문의해서 그 시설이나 홈에 대한 전문가의 의견을 들어 보는 것이 좋다.

| 부모의 지원망 정비

　위와 같은 서비스를 제공하는 각각의 제공자들에 관한 다음과 같은 사항에 대해서도 미리부터 정보를 확보해 두는 것이 좋다.
　우선 부모에게 도움을 줄 수 있는 사람들(사회적 지원망을 구성하는 사람들과 단체들)에 관하여 파악해 나가야 한다.
　대개의 경우, 노인들 주변에는 도움을 주고 있는 사람들이나 앞으로 도움을 줄 수 있는 분들이 많을 수도 적을 수도 있다. 가까이 사는 친척이나 친구들이 때때로 도와주고 방문을 해 주고 심부름을 하고 우정을 나누어 줄 수 있다. 즉 다음과 같은 분들을 들 수 있다.

* 현재 부모를 도와주고 있는 분
* 가까이 사는 집안사람
* 부모와 자신의 오랜 친구와 친척
* 가까운 동창
* 친척이 속하는 사회단체나 클럽의 회원
* 가까운 이웃
* 사회복지관의 요원
* 동사무소의 사회복지사
* 교회의 목사, 신부 및 신자
* 종교단체의 회원
* 의사, 간호사, 병원사회복지사
* 부모의 담당 변호사
* 부모가 거래하는 은행의 담당원
* 부모가 거래하는 보험회사의 담당원
* 기타 도움이 될 수 있는 분들

이런 분들이 부모의 지원망을 구성하는 사람들이다. 보호자인 자녀로서 부모의 지원망을 이루는 위와 같은 분들의 주소와 전화번호를 알아두고 이들이 어느 정도로 부모를 도와줄 의사가 있으며 어떠한 도움을 제공해 줄 수가 있는가를 파악해 둔다.

이렇게 해 놓음으로써 앞으로 필요할 때 이분들에게 어떠한 도움을 요청할 수 있는가를 알 수 있다. 이분들에게 편지나 통신을 해서 정중히 인사를 하고 머지않아 방문하여 인사를 하겠다는 뜻을 전한다.

이분들에 대한 다음 사항들도 알아 두는 것이 좋다.

* 현재 어떤 내용의 도움을 제공해 주고 있는가
* 부모를 수시로 방문해서 도와 드리도록 부탁을 할 수 있는가
* 부모의 생활상황을 수시로 점검해서 나에게 알려 줄 수 있는 분인가
* 부모와 식사나 외출을 같이하도록 부탁할 수 있는가
* 부모가 믿을 수 있는 분으로서 부모의 금전출납을 돕고 각종 요금청구서를 나에게 보내 줄 수 있는가

위와 같은 사항들에 걸쳐 도움을 줄 수 있는 분들에게 자신의 전화번호와 집주소 그리고 이메일주소를 알려 주고 필요할 때 언제나 수신인 지불방법으로 전화를 해 달라고 부탁한다. 그리고 부모의 용태에 관해서 수시로 편지나 전화 또는 이메일로 연락해 주도록 부탁한다. 아울러 곧 찾아 인사를 하겠고 도와주어 감사하다는 말을 전하는 것이 옳다.

그런데 부모가 지원망을 가지지 못하는 경우가 있다. 부모가 아는 분들이 세상을 떠났거나 다른 지역으로 이사를 갔을 경우가 있다. 이런 때에는 부득이 그 지역의 사회복지관, 노인복지관 또는 노인봉사단체의 지원을 요청할 수밖에 없다. 그리고는 유료 또는 무료로 지원해 주는 사람을 찾아야 한다. 지역의 공공 및 자원단체의 지원을 받는 데 대해서는 앞에서 논의한 바 있다.

부모의 의료를 맡고 있는 의료기관의 요원들에 대해서 다음 사항을 숙지해야 한다.

* 의사, 간호사, 물리치료사, 사회복지사 및 병원접수담당의 이름, 전화번호, 주소, 이메일주소
* 복용 중인 약을 조재하는 약방의 주소와 전화번호
* 부모가 사용하는 각종 보조기구(휠체어, 재활용구 등)의 명칭, 수리하는 곳의 주소와 전화번호
* 지역 내 보건, 의료, 사회복지 기관들(제공하는 서비스의 종류, 서비스신청방법, 대기기간, 수수료 등)

| 고령자봉사단체

노인들의 복리를 위해 봉사하는 집단들과 단체들 가운데는 정부가 지원하는 것도 있지만 민간이 운영하는 비영리단체들도 상당수 있다. 이들이 노인과 가족에게 제공하는 서비스의 종류가 다양해지고 있다. 그런데 지역에 따라 어떤 종류의 서비스는 입수할 수가 없는 경우가 있다. 이 때문에 이들 집단과 단체가 제공하는 서비스에 대해서 사전에 자세히 알아 놓아야 한다.

먼저 이들의 전화번호와 주소를 알아 두고 가능하면 오전 일찍 전화를 해서 정보를 얻는다.

[노인과 가족을 지원하는 단체와 서비스]

* 지역사회에서 서비스를 제공하는 곳

노인복지관

노인위탁소

노인정

공동식사제공처

자원봉사집단

기타

* 거택서비스를 제공하는 곳

가사를 돌보아 주는 서비스

거택보건서비스

노인의 전화

가정방문 서비스

동사무소 사회복지담당

노인지원센터(정보센터)

기타

위의 여러 가지 서비스들은 지금 당장 필요하지 않더라도 앞으로 필요할 수가 있다. 될 수 있으면 이들 공익단체들과 집단들의 설립취지와 활동에 찬성해서 이들의 행사에 참가하여 지원을 하는 것이 좋다. 오늘날에는 가족의 힘만으로는 떨어져 사는 부모를 도와 나가기가 힘이 드는 경우가 많기 때문에 이들 가족 밖의 지원자들에 대한 이해와 협조를 필요로 하게 된다. 즉, 변하는 사회환경에서 효를 하기 위해 이러한 노력이 필요하게 되었다. 효행방법이 시대의 변화에 맞게 수정되고 있다.

10장

별거하는 부모와
사회적 지원

| 고령자를 위한 사회적 지원

고령자를 위한 사회적 지원은 고령자가 문제가 있을 때 얻을 수 있는 여러 가지 도움을 말한다. 구체적으로 충고, 정보제공, 물질적 원조, 필요할 때 친구가 되어 주는 것, 어려움이 있을 때 보살펴 주는 것, 전문적 서비스를 받도록 돕는 것 등 다양한 형태의 고령자를 위한 정서적 보살핌과 수단적 서비스를 말한다.

고령자는 일상생활에서 어려운 일을 당할 때 이를 극복하고 평안한 삶을 영위하기 위해 이와 같은 지원을 필요로 한다. 그런데 이런 지원은 고령자가 지원을 제공하는 사람들을 가져야 얻을 수가 있는 것이다(이하 '고령자'를 '노인'으로도 표기함). 이들은 가족·친구·이웃·동료를 비롯하여 공식 지원자(정부나 사회단체가 지원하는 각종 보건의료 및 사회복지 서비스 제공자)를 포함하는 다양한 사람들로 이루어져 있다.

이런 지원자들은 구체적인 보호와 지원을 해 주고 전문적 서비스에 대한 의뢰대행자로서의 역할도 한다. 신체장애를 가진 노인이나 회복기에 있는 분들은 사회복지 및 의료를 위한 기관들보다도 이런 비공식적 또는 사적 지원에 더 의존한다. 대표적 비공식 지원자는 가족이다.

사회적 지원을 받는 노인들은 실직, 퇴직, 배우자와의 사별, 건강 악화 등과 같은 위기에 잘 적응하며 또한 이러한 지원은 신체 및 정신건강에 미치는 악영향을 완충 또는 감소시켜 준다.

문제를 성공적으로 해결하는 사람들은 우선 가족을 위시한 비공식적 지원을 구하고 도움이 더 필요하면 가족 외부의 공식 기관의 도움을 받는다.

노인문제가 심각해지자 가족이 노인을 위하여 중요한 역할을 할 수 있다는 사실이 다시 강조되기 시작하였다. 그러나 가족 이외에도 친척, 이웃, 친구 및 사설협회(종교단체, 상호부조협회, 동창회 등)도 또한 가족의 보호가 부족할 때 가족을 대리하는 역할을 할 수 있다.

저자는 가족(같은 가구 내의 노인부부, 아들, 며느리, 미혼자녀), 친척(다른 가구의 형제자매, 사촌, 숙부모, 조카), 이웃(이웃집 또는 같은 마을에 사는 사람), 친구(이웃이 아닌 가까운 친구, 믿을 수 있는 친구, 직장동료)가 노인을 지원하는 데 관해서 조사를 한 바 있다.

이 조사의 자세한 사항에 대해서는 제2권에서 "부모를 위한 사회적 지원망" 주제로 소개한 바 있다.

사회적 지원은 떨어져 사는 노부모에게 매우 긴요하기 때문에 이 장에서는 위의 조사결과의 요점만을 소개하려고 한다.

| 사회적 지원의 주요내용

절대다수의 고령자들은 문제가 생겼을 때 가족에게 도움을 요청하고 있다. 그런데 이분들의 40%가 가족을 위시하여 가족 이외의 여러 사람들로부터도 동시에 지원을 받았다.

다른 지원자들에 비해서 가족은 노인과 더 자주 접촉하였고 노인과 더 친밀하였고 노인을 더 자주 방문하였으며 도움도 더 많이 제공했다.

즉 다른 누구보다도 가족에게 노인이 더 의존하며 고령이 됨에 따라 그 의존도는 더 높아졌다. 따라서 노인을 부양하는 가족 - 부모와 별거하거나 동거하거나 - 이 과연 어느 정도의 부양의지 - 효심 - 를 갖느냐는 문제는 극히 중요하다.

친척은 가족에 비하여 노인과 접촉한 빈도가 낮았다. 그런데 친척이 노인을 찾아간 경우는 다른 비친족지원자들(친구, 이웃 등)보다는 더 많았으며 도움도 친구 및 이웃보다 더 많이 노인에게 주었다. 이러한 점들에서 한국의 고령자들의 긴밀한 친족관계가 엿보인다.

노인들은 이웃을 가족 다음으로 많이 접촉했으나 받은 도움은 적었다. 노인들과의 친밀성은 이웃이 지원자들 가운데서 가장 낮았다. 이는 이웃이 지원체계로서의 안정성이 낮음을 시사한다. 그러나 이웃은 노인 가까이에 있었으며 자녀와 떨어져 사는 노인에게는 중요한 지원자임이 틀림없다.

가족과 이웃 다음으로 친구를 노인들은 많이 찾았다. 친척보다도 친구와 이웃을 더 자주 찾았다는 사실은 비공식 지원이 중요함을 나타내는 인상적인 사실이다. 떨어져 사는 노인에게 친구도 역시 중요함을 시사한다. 노인들과 비교적 가까이 있는 친구는 친밀성이 지원자들 중에서 제일 높다.

노인들의 특성별로 지원망을 살펴보면 다음과 같다.

여성노인들이 지원자들과 접촉한 횟수는 남자노인들보다 더 낮다. 남자노인들이 여자노인들보다도 가정 바깥에서 사회활동을 더 자유롭게 할 수 있다는 점에서 지원자들을 더 많이 갖게 된 것으로 본다.

용돈이 적은 노부모들이 지원자들을 더 자주 만났고 지원자들과 친밀하였으며 이들과 오랫동안 관계를 유지하였다. 이는 경제적으로 어려운 노인들이 여유가 있는 노인들보다 지원망의 도움이 더 필요해서 이를 유지하려고 노력했기 때문인 것으로 본다.

자택에 거주하고 고령이고 종교를 가진 노인에게 가족 및 친척이 더 많이 찾아왔다는 점은 이해할 만하다.

| 효행의지와 사회적 지원

사회적 지원상태를 분석하는 목적은 사람들이 일상생활에서 사회적으로 통합되는 상황을 규명하고 이들이 정교한 인간관계를 통해서 전통적 가치를 유지하는 양상을 파악해 보려는 데 있다.

한국인의 인간관계는 가족 중심적 관계이며, 이 관계는 영속적이고 끈질기다. 대다수의 자녀와 부양자들은 좋든 싫든 이러한 관계속에서 노부모와 노인에 대한 의무와 책임을 수행하고 있다.

가족지원자들의 경우 존경, 책임, 보은, 희생, 가족화합 등의 효행의지가 자녀의 종교적 신념이 돈독할수록 그리고 연령이 많을수록 더 높았다. 종교적 교의가 부모부양을 강조하며 연령이 많아지고 성숙해짐에 따라 노부모에 대한 이해심과 효심이 더 두터워짐을 시사한다.

부양자녀의 효행의지가 돈독할수록 노인에게 더 도움이 되는 지원망이 형성되는 경향이 있다. 이는 부양자녀의 노부모에 대한 효행의지에 따라 노부모 측이 지원자로부터 도움을 많이 받는다고 믿게 됨을 시사한다.

이와 같이 '효행의지'와 '제공된 지원' 사이에 연계성이 있음이 일관성 있게 시사되었다.

문화가 다른 미국의 사회학 및 사회복지학의 석학 Eugene Litwak(1985) 교수는 친족 사이의 지원관계는 근접성(近接性) 및 사명감과 같은 정서적 변수에 따라 달라진다고 했는데 그의 근접성의 극치는 동거형태이며 그의 사명감은 효행의지와 비슷하다고 본다. Litwak의 이 말은 떨어져 사는 경우는 지원관계가 약할 수 있음을 시사하는 것이다.

효행의지는 정서적 차원이라고도 할 수 있다. 정서적 요인의 중요성이 선진복지국가에서는 물론 우리나라에서도 점차 더 강조되고 있다. 정서적 요인은 그 자체가 중요하지만 이것이 방편적 서비스를 기획하고 전달하는 데 커다란 영향을 준다는 점에서 더욱 중요하다.

노부모들을 위한 사회적 지원망은 실제로 그분들의 일상생활에 대한 만족을 증진한 것으로 시사되었다. 만족과 관계가 있는 변인으로서 노인들의 직업(있음), 학력(높음), 수입(있음) 및 용돈(많음)이 나타났는데 유감스럽게도 노부모들 가운데 상당수가 이들 조건을 충분히 갖추지 못하고 있었다.

노인들의 경제적 형편, 정신건강, 사회참여에 대한 만족이 낮았다. 경제사정, 가족화합, 젊은이의 노인에 대한 태도에 대해서 만족하고 있는 분들은 정신건강에 대한 만족도 높았다. 이러한 상관관계는 사회복지적 시각에서 주목할 사실이다.

| 노인과 가족의 지원

한국인의 가족 중심적 부모부양의 관행은 효이념에 그 뿌리를 두고 있다. 우리는 부모를 존경하기 위하여 부모에 대한 애정 때문에 부모에게 은혜를 갚으려고 부모에 대한 책임을 느껴서 부모를 중심으로 가족을 화합하기 위하여 효행을 한다.

이런 식으로 많은 한국인들은 가족을 중심으로 부모에게 부양서비스를 제공하면서 효의 이념을 실현하려 노력하고 있다. 한편 부모도 자녀를 위해서 자기들의 마음과 물질을 바치고 있다. 따라서 상호 교환적인, 즉 호혜적(互惠的)인 세대관계가 부모 · 자녀 간에 진행되고 있다.

한국노인들의 반이 자녀들과 살고 있다. 성인자녀들은 형편이 닿는 한 부모와의 동거생활을 좋든 싫든 받아들이고 있다. 이러한 전통적 관행은 산업화로 인한 사회적 변동에서 오는 충격을 중화(中和) 내지 해소하는 중요한 역할을 한다고 본다.

그러나 한편 가족 중심적 부모부양이 가지는 문제가 있다. 오늘날 다수 가족들이 안고 있는 과제는 가족과 동거하며 가족에게 전적으로 의존하는 노부모를 부양하기 위해 가족이 지는 부담과 어려움을 어떻게 줄이느냐는 것이다.

밀접한 인간관계를 갖는 사람들 사이에 흔히 있는 긴장과 스트레스, 전문적 서비스를 제공하지 못하는 문제 등 비공식적 집단이 안고 있는 제한점을 엿볼 수 있다. 그리하여 상당수의 노인들이 자녀들과 함께 살면서도 적절한 도움을 못 받으며 고독하다고 토로하였다.

따라서 가족의 지원역할을 보완하는 방안을 강구할 필요가 있다. 그러기 위해서는 가족 바깥의 사회적 지원 출처를 개발해서 활용하고, 필요시에는 이를 공식 지원망과 연계, 통합해서 지원망의 힘을 증대해야 할 것이다. 떨어져 사는 노부모를 위해서 매우 필요한 작업이다.

여기에서 "지역사회가 제공하는 보살핌"(커뮤니티 케어: community care)을 통해서 가족을 지원할 필요가 대두된다.

그리고 가족의 친밀성이 중요한 속성으로 나타났다. 노인들은 지원자와의 관계가 친밀할수록 도움을 더 많이 받았다고 감지하고 만족하는 경향이었다. 가족지원자의 친밀성은 동거자가 미혼자녀인 경우보다 장남인 경우가 더 높다. 친밀성은 노인과 지원자 사이에 사랑, 신뢰 및 응집력을 바탕으로 하는 안정된 인간관계가 이루어졌음을 시사한다. 멀리 떨어져 살 경우에 친밀한 관계를 유지하려면, 전화와 편지를 통해서 서로에 대해서 자주 이야기를 하고 선물을 교환하고 상대방을 친밀한 가족성원으로서 인정해야 한다.

노인들은 가족지원자 다음으로 이웃지원자를 가장 많이 찾았다. 이웃은 상호 협동적 관계는 있지만 친밀하거나 커다란 문제를 해결하기 위한 자원을 갖지는 못했다. 그러나 거리상으로 가까이 있고 소규모의 자원이나마 필요할 때 일시적으로 또는 위급할 때 즉시 제공해 줄 수 있었다. 따라서 이웃지원자는 위급한 상태에 있는 노인이 필요로 하는 도움의 출처가 될 수 있다.

지난 수십 년 동안 서울로 대거 이동해 온 상호 의존적이고 교환적 생활양식에 젖은 시골사람들은 비인간화하는 도시생활환경에 한국인 고유의 감정과 생활양식을 도입하는 데 기여해 왔다고 본다. 이를 뒷받침하듯이 지방에서 성장하고 서울로 이주한 노인들의 친구지원망이 더 크고 이들이 서울출신 노인보다 가족 및 친척과 만나는 빈도도 더 높으며 대도시출신 노인보다 가족으로부터 도움을 더 많이 받았다.

그런데 이웃과 사귀는 일은 주로 부인들이 한다고 하는데 본 연구에서도 여성노인들이 더 많은 이웃지원자를 가진 것으로 나타났다.

이와 같은 성별과 출신지역에 따른 차이는 지원망을 기획할 때 고려해야 할 점이라 하겠다.

노인들은 이웃·친구 지원자들과 교호적이고 평등한 상호관계를 가졌다. 오늘날 가족의 노부모지원 능력이 저하되는 추세이어서 이러한 현상은 중요시할 필요가 있다.

이미 미국과 영국에서는 가족의 지원기능이 부재하는 고령자들을 보호부양하기 위하여 사회복지전문인들이 이웃과 지역사회의 지원망을 설계해서 만들어 노인, 장애인, 빈곤자들을 지원하기 위해 활용해 오고 있다. 우리나라에서도 이웃, 지역사회의 지원망과 친구지원망을 개발해서 보다 효과적으로 활용하는 방법을 연구해야 하겠다.

교호적 지원의 지원망을 다루는 데 있어 기본적인 이념이요 원칙이 되는 것은 상호 존중하며 상호 교환하는 인간관계를 준수하는 것이다. 이러한 관계는 지속적이고 안정된 사회관계를 유지하는 데 적합한 인간관계이다. 우리는 전통적으로 수직적인 대인관계를 유지해 온 민족이다. 오늘날 도시에 거주하는 상당수의 노인들이 가족 바깥에서 같은 사회적 지위를 가진 친구, 이웃지원자들을 가졌으며 이들로부터 대등 또는 평등한 입장에서 비록 적으나마 지원을 주고받는다는 사실은 괄목할 만한 현상이라고 하겠다.

이러한 서로 주고받는 호혜적 인간관계에 대해서 서양의 학자들뿐만 아니라 우리사회의 석학들도 오래전에 이미 그 중요성을 지적한 바 있다.

앞서 인용했듯이 퇴계는 자녀와 부모가 서로 존중하면서 자녀가 효를 하면 부모는 자(慈)를 베풀어야 한다고 했다. 이 훌륭한 교의는 자녀의 부모에 대한 그리고 부모의 자녀에 대한 호혜적이며 상호 존중하는 의무를 가르치고 있다.

이러한 상호 존중하는 인간관계는 부모·자녀의 관계를 벗어나 이웃과 친구간의 지원관계로 뻗어 나가야 함은 말할 나위도 없다. 이는 우리가 앞으로 개발해야 할 매우 중요한 인간관계와 지원관계의 바탕이 되는 것이라고 본다.

그런데 부모·자녀 간의 교환은 지원을 제공하고 난 뒤에 이와 똑같은 대가를 장래 어떤 시기에 돌려받겠다는 기대를 하지 않고 주는 도움이다. 이 경우 은혜를 받는 쪽은 당장에 갚지를 않아도 되기 때문에 베푸는 쪽에 영원히 신세를 지게 된다. 이 관계에서는 지원자는 제공한 은혜를 정확하게 계산해서 따지지 않으며 두 사람의 관계는 마음대로 끊을 수가 없고 이를 끊을 때는 사회적이고 도덕적인 제재가 가해질 수 있다.

교호적 지원관계를 인간봉사자들은 바람직한 관계라고 본다. 유명한 사회학자 Gouldner(1960)는 '주고받는' 원칙은 사회체계의 안정을 지지하는 도덕적 시멘트 역할을 한다고 하였다. 그런데 평등한 동반관계(partnership)에서 교환되는 지원은 전통적 가족의 지배복종관계에서 이루어지는 지원보다는 불안정하다고 보는 시각이 있기도 하다. 그러나 오히려 이렇게 동반관계를 바탕으로 진행되는 사람들의 관계가 더 안정되고 오랫동안 계속될 수 있다고 경험적 연구는 보고하고 있다.

| 맺는 말

가족지원은 고령자들에게 가장 긴요한 지원이며 앞으로도 그렇게 남아 있을 것으로 믿는다. 자녀와 떨어져 사는 노인이나 함께 사는 노인 모두에게 가족은 가장 중요한 지원자가 되는 것이다.

최근 가족들이 노부모를 격리·소외시키고 있다고 걱정하는 사람들이 많은데, 본 연구에서는 가족들이 노인의 주요지원자로서의 역할을 여전히 담당하고 있음이 일관되게 시사되었다.

동아시아 문화권에 있는 우리가 명심해야 할 점은 효문화의 전통이 없는 서양사회에서도 가족이 병약한 노인의 주요 지원자로서 여전히 기능하고 있다는 사실이다. 그런데 앞으로 우리의 가족지원망은 부부 중심의 가족 중심적인 지원망으로 변해 나갈 것인지? 아니면 수정확대가족의 형태에 준하여 가족주의적 전통을 발전적으로 유지해 나아갈 것인지?

떨어져 사는 가족들에게는 후자인 수정확대가족이 더 유리한 형태가 되지 않는가 생각한다. 이 형태는 확장된 지원망을 가질 수 있고 다수의 서로 지원할 수 있는 구성원들을 보유하고 있기 때문이다.

이러한 잠재적 내지 실제적 가족지원에 대한 연구가 계속되어야 하겠다.

이런 연구와 병행해서 먼 거리에 사는 가족원을 지원하는 기능을 할 수 있는 가족체제를 개발하는 과제를 풀어 나가야 하겠다.

그런데 개개의 지원자들은 똑같은 역할을 하지 않는다. 가족지원자들의 경우 멀리 떨어져 사는 자녀는 금전적인 지원을 하고 이웃에 사는 딸은 그날그날 병실 시중을 하고 작은 아들은 금전 지출을 맡고, 큰 아들은 병원과의 연락을 담당하는 식으로 분담하여 지원하는 경우가 많다.

이러한 점을 고려하여 지원자들의 지원기능을 별거 또는 동거의 주거형태에 따라 어떻게 분류해서 어느 기능을 보완해 주어야 가족지원자들이 효과적으로 노부모를 지원할 수 있는가 하는 과제에 대한 연구가 있어야 하겠다.

오늘날 다수 노인들(보호를 해 주는 가족이 없는 노인들은 물론)이 공공기관이 제공하는 여러 가지 공식적 서비스를 필요로 하고 있다. 예로 부양자를 위한 상담, 간병자를 위한 훈련, 노인을 위한 탁노서비스, 사회서비스, 재정적 지원, 가정보건서비스, 건강교육, 기타 전문기관이 제공하는 서비스들이다. 앞으로 가족지원망이 오랫동안 지속적으로 동거하는 부모는 물론, 특히 별거하는 부모를 부양하도록 돕기 위해서는 가족들에게 노인을 위한 이러한 서비스(보완적 서비스)를 제공해 주어야 한다. 노인에게 제공되는 서비스는 곧 가족을 위한 서비스가 되는 것이다.

노인과 이들의 가족을 지원하기 위한 다양한 형태의 지원망들을 다각도로 활용해 나가야 할 것이다. 일부 사회복지영역에서는 벌써부터 지원망과 비슷한 사회적 접근방법을 이용해 오고 있다.

가족, 이웃, 친구 등을 중심으로 하는 비공식적 지원은 앞으로 부모부양을 해 나가는 데 어려움을 겪는 부모와 별거하는 또는 동거하는 가족의 노인부양기능을 보완하고 노인문제를 예방하는 개입방법으로서 널리 활용되어야 하겠다.

참고문헌

[국내문헌]

김낙진, 2004, 의리의 윤리와 한국의 유교문화, 아산제단연구총서 제 164집, 집문당.

김승권·장경섭·이현송·정기선·조애조·송인주, 2000, 한국가족의 변화와 대응방안, 한국보건사회연구원 연구보고서.

김익기·김동배·모선희·박경숙·원영희·이연숙·조성남, 1999, 한국노인의 삶, 미래인력연구센터.

김한초·한남제·최성재·유인희, 1986, 한국가족의 표준모형개발, 한국정신문화연국원, pp.10 - 35.

권중돈, 2004, 노인복지론, 학지사.

논어(論語), 1997, 이기석·한백우 역해, 홍신문화사.

맹자(孟子), 1994, 이기석·한용우 역해, 서울: 홍신문화사.

명심보감(明心寶鑑), 1994, 유상근·김위현 (교주), 명지대학교출판부.

성규탁, 2001, 어른존경에 대한 탐험적 연구, 한국노년학, 21, 2, pp.125 - 139.

성규탁, 1994, 한국인의 가족지향성, 현대사회와 사회사업, 우계어윤배 박사회갑기념논문, pp.7 - 28.

성규탁, 1989, 현대한국인의 효행에 관한 연구, 한국노년학, 9, pp.28 - 43.

송복, 1999, 동양의 가치란 무엇인가: 논어의 세계, 미래인력연구센터.

신용하·장경섭, 1996, 21세기 한국의 가족과 공동체문화, 지식산업사.

신용하, 2004, 21세기 한국사회와 공동체문화, 지식산업사.

신용하, 2000, 한국 민족의 형성과 민족사회학, 지식산업사.

예기(禮記), 1993, 권오순 역해, 홍신문화사.

왕웬양 王文亮, 2001, 中國之高齡者社會保障, 日本東京: 白帝社.

유광수 · 박현선, 2003, 독거노인과 가족동거노인의 건강상태에 관한 비교연구, 한국노년학, 23, 4, pp.163 – 179.

유성호 · 모선희 · 김형수 · 윤경아, 2000, 노인복지론, 아시아미디어 리서치.

이광규, 1990, 한국가족의 구조분석, 일지사.

이형철, 1999, 농촌 부부가구노인의 사회적 지원에 관한 연구. 한국노년학, 19, 3, pp.109 – 120.

최재석, 1994, 한국가족연구, 일지사.

한남재, 1997, 한국가족재도의 변화, 일지사.

효경(孝經), 1989, 박일봉 편역, 육문사.

[외국문헌]

Aquinas, T. (1981). *Summa theologica.* Westminster, Maryland: Christian Classics.

Choi, S. J. 2001. *Changing Attitudes to Filial Piety in Asian Countries.* Paper presented at 17th World Congress of Gerontology. Vancouver, Canada, July 1 – 6.

Choi, S. J. 1999. *A Comparative Study on Long – term Care for the Elderly in Korea and Japan.* Department of Social Welfare, Seoul National University.

Du, P. (2009). *New look at family support in China: Changing ways of practicing filial piety.* Paper presented at Symposium on New Look at Filial Piety in East Asia, The 19th World Congress of Gerontology, Paris, France, July 7.

Elliott, K. S., & Campbell, R. (1993). Changing ideas about familycare for the elderly in Japan. *Journal of Cross – Cultural Gerontology,* 8, 119 – 135.

Gouldner, A. (1960). The norm of reciprocity: A preliminary statement. *American Sociological Review*, 25, 161 – 178.

Hashimoto, A. (2004). Culture, power, and the discourse of filial piety in Japan. (In) C. Ikels (Ed.), *Filial Piety*. Stanford, Stanford University Press.

Hill, R, & Koenig, R. (1970). *Families in East and West*. Paris: Mouton.

Ingersoll – Dayton, B., & Saengtienchai, C. (1999). Respect for the elderly in Asia: Stability and change. *Internat'l Journal of Aging and Human Development*, 48, 113 – 130.

Koyano, W. (1996). Filial piety and intergenerational solidarity in Japan. *Australian Journal of Ageing*, 15, 51 – 56.

Litwak, E. (1985). Helping the elderly: The complementary roles of informal networks and formal systems. New York: Guildford.

Mehta, K. (1997). Respect redefined: Focus group insights from Singapore. *Internat'l Journal of Aging and Human Development*, 44, 205 – 219.

Palmore, E. B., & Maeda, D. (1985). *The Honorable elders revisited*. Duke University Press.

Park, K. S., Cho, N. H., & Byun, Y. C. (2009). Rapid aging and changes in the lives of the elderly in South Korea. In Choi, S. J., Bae, J., Whang, E., Lee, G., & Roh, Y. (Eds.), *Aging in Korea: Today and Tomorrow*. Seoul: New World Publishing Co.

Qureshi, H., & Walker, A. (1989). *The caring relationship: Elderly people and their families*. New York: Macmillan.

Sung, K. T. (1990). A new look at filial piety: Ideals and practice of family – centered parent care in Korea. *The Gerontologist*, 30, 610 – 617.

Sung, K. T. (2001a). Elder respect: Exploration of ideals and forms in East Asia. *Journal of Aging Studies* 15, 13 – 26.

Sung, K. T. (2001b). Family support for the elderly in Korea: Continuity, change, future directions. *Journal of Aging and Social Policy*, 12, 65 – 79.

Sung, K. T. (2004). Elder respect among young adults: A cross – cultural study of Americans and Koreans. *Journal of Aging Studies,* 18(2). 215 – 230.

Sung, K. T. (2007). Respect for the elderly: The East Asian Way. Lanham, MD: University Press of America.

Sung, K. T., & Kim, H. S (2003). Elder respect among young adults: Exploration of behavioral forms in Korea. *Ageing International,* 28, 279 – 294.

Yoon, H. S., & Cha, H. B. (1999). Future issues for family care of the elderly in Korea. *Hallym International Journal of Aging,* 1(1), 78 – 86.

찾아보기

성규탁(成圭鐸)

[sung.kyutaik@gmail.com]

▌약력

충북 청주중고등학교 졸업
서울대학교 문리과대학 및 대학원 졸업
미국 미시간대학교(앤아바) 사회사업학 석사
미국 미시간대학교(앤아바) 사회사업학 및 정치학 박사
(전) 미국 위스콘신대학교(매디슨) 사회사업대학원 교수
연세대학교 사회과학대학 사회복지학과 교수(초대학과장)
연세대학교 사회복지연구소 초대소장
미국 시카고대학교 Fellow(동아시아가족연구)
미국 미시간주립대학교 사회사업대학원 교수
미국 남가주대학교 사회사업대학원 석좌교수
미국 미시간대학교 사회사업대학원 초빙교수
Elder-Respect, Inc.[www.elder-respect.org] 대표
효문화연구소 소장
(전) 한국사회복지학회 회장, 한국노년학회 회장,

▌저서

국내

『새 時代의 효』, 연세대학교출판부(연세대학술상 수상)
『새 시대의 효 I』, 문음사(아산효행상 수상)
『새 시대의 효 II』, 문음사(문화공보부 추천도서)
『새 시대의 효 III』, 문음사
『현대 한국인의 효』, 집문당(학술원선정 우수학술도서)
『사회복지행정론』, 법문사
『사회복지조직론』, 박영사
『산업복지론』, 박영사 외 다수

국외

Care and respect for the elderly in Korea: Filial piety
    in modern times in East Asia. Seoul: Jimoondang, 2005.
Respect and care for the elderly: The East Asian Way
    Lanham, MD: University Press of America, 2007.
Respect for the elderly: Implications for human service
    providers. Lanham, MD: University Press of America, 2009.
Advancing social welfare of Korea: Challenges and ways.
    Seoul: Jimoondang, 2010.

∎논 문
  국내
한국노년학
사회복지학회지
사회복지
한국정신문화연구원논총
한림과학연구원 등에 100여 편 발표

  국외
The Gerontologist
Journal of Aging Studies
International Journal of Aging and Human Development
Journal of Gerontological Social Work
Journal of Social Service Research
Administration in Social Work 등에 65편 발표

한국인의 효

IV 따로 사는 자녀와 실천

초판인쇄 | 2010년 1월 5일
초판발행 | 2010년 1월 5일

지은이 | 성규탁
펴낸이 | 채종준
펴낸곳 | 한국학술정보㈜
주 소 | 경기도 파주시 교하읍 문발리 파주출판문화정보산업단지 513-5
전 화 | 031) 908-3181(대표)
팩 스 | 031) 908-3189
홈페이지 | http://www.kstudy.com
E-mail | 출판사업부 publish@kstudy.com
등 록 | 제일산-115호(2000. 6. 19)

ISBN   978-89-268-0503-9 14190 (Paper Book)
       978-89-268-0504-6 18190 (e-Book)
       978-89-268-0728-6 14190 (Paper Book set)
       978-89-268-0729-3 18190 (e-Book set)

이담 는 한국학술정보(주)의 지식실용서 브랜드입니다.